21 世纪全国普通高等院校美术 · 艺术设计专业
“十三五”精品课程规划教材

The “Thirteen five-year” Excellent Curriculum for Major in The Fine Art
Design of The National Higher Education Institution in 21st Century

Advertisement Marketing and Communication

广告营销与传播

编著　田宜彩　田　怡　周海涛

辽宁美术出版社
Liaoning Fine Arts Publishing House

21世纪全国普通高等院校美术·艺术设计专业
"十三五"精品课程规划教材

总 主 编　郎玉成
总 策 划　郎玉成
副总主编　彭伟哲
总 编 审　苍晓东　李　彤　申虹霓

图书在版编目（CIP）数据

广告营销与传播 / 田宜彩，田怡，周海涛编著. — 沈阳 ：辽宁美术出版社，2017.8

21世纪全国普通高等院校美术·艺术设计专业"十三五"精品课程规划教材

ISBN 978-7-5314-7734-1

Ⅰ. ①广… Ⅱ. ①田… ②田… ③周… Ⅲ. ①广告－市场营销学－高等学校－教材②广告学－传播学－高等学校－教材 Ⅳ. ①F713.8

中国版本图书馆CIP数据核字（2017）第230494号

编辑工作委员会主任　彭伟哲
编辑工作委员会副主任　童迎强
编辑工作委员会委员
申虹霓　苍晓东　李　彤　林　枫　郝　刚　王　楠
谭惠文　宋　健　王哲明　李香泫　潘　阔　王　吉
郭　丹　罗　楠　严　赫　范宁轩　田德宏　王　东
高　焱　王子怡　陈　燕　刘振宝　史书楠　王艺潼
展吉喆　高桂林　周凤岐　刘天琦　任泰元　汤一敏
邵　楠　曹　炎　温晓天

出版发行　辽宁美术出版社
经　　销　全国新华书店
地址　沈阳市和平区民族北街29号　邮编：110001
邮箱　lnmscbs@163.com
网址　http://www.lnmscbs.com
电话　024-23404603
封面设计　苍晓东
版式设计　彭伟哲　薛冰焰　吴　烨　高　桐

印制总监
孙　辉　徐　杰　霍　磊

印刷
沈阳市精华印刷有限公司

责任编辑　苍晓东
责任校对　郝　刚
版次　2017年8月第1版　2017年8月第1次印刷
开本　889mm×1194mm　1/16
印张　8
字数　200千字
书号　ISBN 978-7-5314-7734-1
定价　49.00元

图书如有印装质量问题请与出版部联系调换
出版部电话　024-23835227

21世纪全国普通高等院校美术·艺术设计专业
“十三五”精品课程规划教材

序 >>

「 当我们把美术院校所进行的美术教育当作当代文化景观的一部分时，就不难发现，美术教育如果也能呈现或继续保持良性发展的话，则非要“约束”和“开放”并行不可。所谓约束，指的是从经典出发再造经典，而不是一味地兼收并蓄；开放，则意味着学习研究所必须具备的眼界和姿态。这看似矛盾的两面，其实一起推动着我们的美术教育向着良性和深入演化发展。这里，我们所说的美术教育其实有两个方面的含义：其一，技能的承袭和创造，这可以说是我国现有的教育体制和教学内容的主要部分；其二，则是建立在美学意义上对所谓艺术人生的把握和度量，在学习艺术的规律性技能的同时获得思维的解放，在思维解放的同时求得空前的创造力。由于众所周知的原因，我们的教育往往以前者为主，这并没有错，只是我们更需要做的一方面是将技能性课程进行系统化、当代化的转换；另一方面，需要将艺术思维、设计理念等这些由“虚”而“实”体现艺术教育的精髓的东西，融入我们的日常教学和艺术体验之中。

在本套丛书出版以前，出于对美术教育和学生负责的考虑，我们做了一些调查，从中发现，那些内容简单、资料匮乏的图书与少量新颖但专业却难成系统的图书共同占据了学生的阅读视野。而且有意思的是，同一个教师在同一个专业所上的同一门课中，所选用的教材也是五花八门、良莠不齐，由于教师的教学意图难以通过书面教材得以彻底贯彻，因而直接影响到教学质量。

学生的审美和艺术观还没有成熟，再加上缺少统一的专业教材引导，上述情况就很难避免。正是在这个背景下，我们在坚持遵循中国传统基础教育与内涵和训练好扎实绘画（当然也包括设计、摄影）基本功的同时，向国外先进国家学习借鉴科学并且灵活的教学方法、教学理念以及对专业学科深入而精微的研究态度，辽宁美术出版社同全国各院校组织专家学者和富有教学经验的精英教师联合编撰出版了《21世纪全国普通高等院校美术·艺术设计专业“十三五”精品课程规划教材》。教材是无度当中的“度”，也是各位专家多年艺术实践和教学经验所凝聚而成的“闪光点”，从这个“点”出发，相信受益者可以到达他们想要抵达的地方。规范性、专业性、前瞻性的教材能起到指路的作用，能使使用者不浪费精力，直取所需要的艺术核心。从这个意义上说，这套教材在国内还是具有填补空白的意义。

21世纪全国普通高等院校美术·艺术设计专业“十三五”精品课程规划教材编委会 」

目录 contents

前言 >>

「　《广告营销与传播》是在当今信息化已进入全媒体时代的背景下，在广告专业综合改革的基础上，将现代广告营销与传播的手段与方法导入到视觉传达设计专业中。本书是以实验课程的一种方式出现，以调研、理论研究、广告创意、营销手段为研究基础，通过在专业实践教学中的训练，加强广告创意与实践的应用，以信息传递为手段，培养学生全方位思维模式。

广告设计作为一种与传播方式和传播媒介紧密联系的设计活动，数字化信息技术的发展给广告设计带来全新的发展空间，要求广告的设计与传播向复合型媒体发展。通过对现代广告的营销与传播的讲授，旨在探讨信息化传播方式与传统广告传播方式相比的优势。

本书依托大连工业大学艺术与信息学院及大连工业大学艺术设计学院的资源，以教学团队为基础，对广告市场调研、广告创意、广告海报设计、广告媒体、广告传播、广告营销等一系列主题进行了创作实践，通过对学生创作的案例分析，以事实为依据让广告设计与传播更为高效。」

第一章 广告营销与传播概述

本章重点 >>

本章主要介绍广告营销与传播的基本概念，从基本概念、特点等由浅入深地讲述广告的发展现状与发展趋势。

学习目标 >>

本章实践目的是通过学习广告营销与传播的概念，深入了解广告的特点，在动手实践中强调广告的特性，将书面化、概念化的知识运用到实践中，以进行符合商业化市场的广告设计。

学习目标 >>

16学时。

第一章　广告营销与传播概述

要学习好广告，就要对广告的定义、发展现状、发展趋势等基本状况有所了解。现代广告不仅是一种商业行为，也逐渐发展为一种文化艺术。它包含着多方面的内涵，是建立在多门学科之上的有完整理论体系的综合学科。对广告概述的掌握，就是为学习这门综合学科打下良好的理论基础。

第一节 ///// 基本概述

广告营销与传播的过程，主要包含广告设计、广告传播、广告营销这三个方面的内容。现代社会是一个高度发达的信息社会，在商业高度发达的现代社会，各种产品品牌竞争激烈，质量已经不是产品畅销的唯一要素。在质量接近的情况下，各品牌都要高举品牌旗帜，通过媒介宣传自家产品的品质，因此，广告就不能脱离设计、传播、营销而独立存在。广告不再仅仅是一种商业行为，而是逐渐发展成为集传播与营销为一身的文化艺术。要想达到广告的成功，就要集合设计、营销、传播为一体进行宣传。

一、广告营销与传播的含义

（一）广告是什么

广告英文是“Advertise”，意指向公众介绍商品、服务内容或文娱节目的一种宣传方式，具有“广而告之”的含义，即广泛地向目标大众传递信息。广告是一种大众沟通的形式，是一种企图说服或影响大众的行为的方式。

另一方面，广告又是一种创意行业，它会对当今乃至未来的经济起到枢纽性的作用。产品已经不能单靠价格竞争，经营也不能过于依赖消减已经微薄的利润。广告的作用已经告别初期的“广而告之”，而是成为创造品牌利润的主要手段。

（二）设计是什么

设计是设想、运筹、计划与预算，是人类在特定事物的基础上在未来实现某种目的而进行的创造活动。艺术和设计是互相作用的关系，艺术是设计的基础，设计应赋有艺术含量。广告设计就更是设计与艺术完美结合的典范。

（三）传播是什么

传播是指将信息通过某种媒介传递给受众的一种动态行为。传播的目的是为了传递有效的信息，广告是传递信息的载体，也是传递信息的媒介。

广告的传播需要依靠很多要素，基本要素主要有信息源、媒介等。隐含的要素主要有时空环境、心理因素、文化背景、信息质量等。

（四）营销是什么

营销是指企业发现或挖掘消费者的需求，从整体氛围的营造以及自身产品形态的营造去推广和销售产品，主要是深挖产品的内涵，切合消费者的需求，从而让消费者深刻了解该产品进而购买该产品的过程。

（五）广告传播与营销是什么

广告营销与传播是集合广告设计、广告传播、广告营销于一体的一种将信息通过富有艺术美感的广告艺术传播给受众的动态行为，其目的是通过营销使企业发现、创造和交付价值以满足市场需求，从而获得更多的利润。

广告设计、广告传播与营销原本是不同的独立学科，它们的结合就是产品为谋取利润所要做的完整营销环节。学习广告营销与传播，一方面要了解广告营销与传播的方法，另一方面还要掌握广告设计与制作的方法。广告是信息传播的过程，广告信息依靠各种传播手段传递给目标受众。广告传播的核心是信息，是信息源对某一观念或思想的具体结果。广告传播的目的必须明确，是可以不断重复传播的，传播渠道多样，以大众传播为主体，并配合其他媒介广泛传播。广告传播的内容应该严格筛选，在有限的广告时间和空间中最大限度地向受众传播有效的信息。例如图1-1～图1-3的望远镜广告，其创意点是望远镜看到远处动物情境，就像近在眼前。用到夸张、幽默的表达方式，广告创意新颖，通过电脑手段达到效果，有较好的传播效果。

二、广告营销与传播涉及的主要方面

广告传播涉及生活的各个方面。广告已经成为一种文化，其作用有推销产品、传播文化、制定判断标准、改变消费观念、建构生活方式等。如此种种，广告和人们的日常生活产生千丝万缕的联系，从而涉及生活的每个角落。广告从不同角度、不同层面对人们生活的方方面面产生影响，而其最终指向，都在于推销消费文化，并且这一深层目的在跨文化广告传播中依然不变。

广告出现在人们日常生活的各个方面，例如房地产、汽车、服装与饰品、家用电器、通信行业、日用品、食品与饮料、药品与保健品等。美国通用汽车公司总裁罗杰·B.史密斯说过，“靠终止做广告省钱的人就像拨停表省时间的人一样”，就很有代表性地说明了广告主对广告功能的看法。越来越多的行业与品牌投入到品牌广告

图1-1　望远镜广告1

图1-2　望远镜广告2

图1-3　望远镜广告3

营销中，因为现代广告是市场经济环境下企业竞争的一种有力手段，若不是现代广告商品知识的传播，消费者就不可能具备丰富的消费知识。没有广告传播信息，许多人的生活将会感到不便，最起码的求职、购物将会花费更多的时间和

精力，所以，广告传播到生活的各个方面是必然的，是市场选择的结果。

例如图1-4～图1-7的刀具广告，用夸张的手法强调它的锋利、视觉冲击力，刺激消费者购买的欲望。小小日用品的广告也做得如此精致，可见广告的重要性。

图1-4　刀具广告1

图1-5　刀具广告2

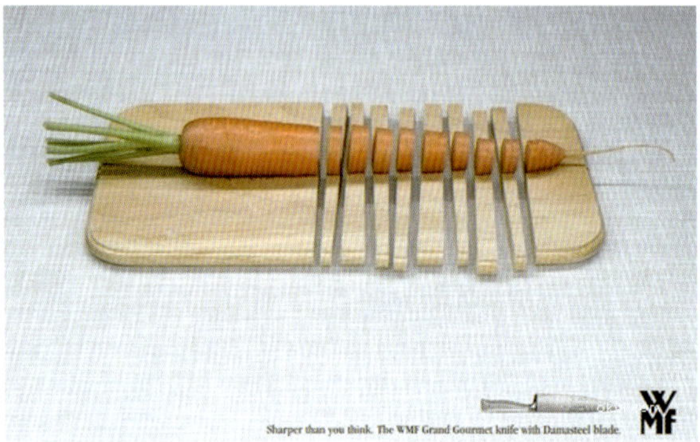

图1-6　刀具广告3

图1-7　刀具广告4

第二节 ///// 现代广告营销与传播的发展状况

广告的发展是社会经济发展的反映，广告由最初的产生经历了漫长的发展阶段，随着信息时代的到来和社会经济的发展，现代广告行业发展空前繁荣。广告业在发生量的翻天覆地变化的同时，也在质的方面发生巨大的变化。这种量与质的持续高速的变动，使中国现代广告的营销与传播逐渐形成特征。

一、现代广告营销与传播发展特征

（一）广告形式发展的多样性

原始广告形式由静止的广告演变为形式多样的广告活动才具有现代广告的意义。这种“多样性”包括媒体的百花齐放、表现方式的推陈出新、策划创意的千姿百态，等等。例如，传统的广告是将产品的性能、优越度通过广告传递给受众，但是随着铺天盖地的广告灌输给消费者的同时，消费者对广告产生了一定的抵触心理，也可以说是审美的疲劳。广告刺激的深刻程度与变化表现必须新奇、与众不同，才能足以给消费者留下深刻的印象。在消费者对传统促销广告产生厌倦情绪的时候，一种刻意模糊广告与媒介界线的隐性广告正悄悄潜入我们的生活之中。广告艺术短片就是一种将广告渗透到观众最喜爱的娱乐之中的艺术表现形式。

（二）广告手段的先进性

随着科学的进步、经济的发展，广告市场的日益繁荣不断地推动着广告活动的变化演进。广告主不再满足于利用印刷技术、电波发射术一类普通的大众媒介传播其品牌广告。近年来，广告的制作手段开始运用各种高科技产品尖端技术。可以说现代广告的发展促进了广告手段的先进性、科学性。类似于APP、交互媒体等先进的广告媒体和传播手段层出不穷，日新月异。

（三）广告策划、制作、营销、传播的一体性

在国内广告业发展初期，广告行业普遍现象是广告公司数量多，规模不大，实力不强，很难形成产业化。而国内媒介单位数量少，规模小，经营较为分散且不正规，因而抵御市场经济风险的能力和自我发展的能力不强。近些年广告公司和媒体公司都意识到只有联合起来，形成集团，才能经得起市场经济风浪的冲击，才能把握市场发展主动权形成产业化。现代广告宣传不满足于获得局部的、分散的、孤立的宣传效应而是追求其整合效益，它包括内容的主题性、多种媒介的协调配合性、活动的系列性、时间计划上的连贯性。综上所述，广告策划、制作、营销、传播的一体性成为现代广告行业发展的新特点。

二、中国现代广告业存在的问题及发展趋势

（一）中国现代广告业存在的问题

广告活动的主体是广告主、广告公司和广告媒介，三者共同构成了整个广告活动，因此，要分析中国广告代理制存在的问题就必须从这三者出发。

1.广告主存在的问题

在中国，广告主主要利用媒介自办的广告公司与广告媒体接触，从而减少了广告代理费。这种做法使专业的广告公司在竞争中处于劣势。广告公司大部分的利润应来自于代理费，但广告主与广告媒体直接联系，这就迫使一些广告公司采取不正当的竞争手段来节省经营成本，形成恶性循环。这不但影响了广告公司的整体发展战略，而且最终会导致整个广告行业的发展举步维艰。

近年来，中国经济快速发展，发布广告需要的资金不断攀升。这就使得企业为减少成本，在公司内部另设分支机构，投入大量的人力、物力、财力，自己代理自己的广告业务。但是由于业务不精，使得公司内部的广告分支机构缺乏整体策划的意识，缺乏与多种媒体的协调和配合能力，浪费了公司大量资源，也增加了协调管理的难度。

2.广告公司存在的问题

广告公司的存在有其客观必然性，它是市场经济中的中介组织，它能在客观、公正、合法的立场上为广告主提供更好的策划设计服务，为广告主制定有针对性的广告计划，后期也能帮助广告主修订广告策略和广告计划，使广告宣传更有实效。虽然广告公司在企业进行宣传过程中发挥着很大的作用，但是，在中国的广告公司中，很少有“独家代理”的公司，这就会出现很多问题，由于在一定区域内存在数家广告代理，因此

存在业务划分与利润分配问题，同时也会涉及广告主的商业秘密的保护问题。而“独家代理”因具有很大的优越性，所以中国市场对于广告公司“独家代理”的需求也必然日益增加。

3.广告媒介存在的问题

（1）我国广告媒体价格体系混乱。媒体在广告价格设定方面缺乏行业统一的标准，这就导致了各利益方协调的困难，最终将导致广告代理公司整体利润率低、代理制度发展不稳定。

（2）媒介代理没有取代强势媒体。国际广告业的发展的最终趋势是媒介代理逐渐取代强势媒体。但是在中国，强势媒体在广告行业中处于优势地位。广告公司利用自己的优势地位打压代理价格，迫使专业广告代理公司不断降低代理价格，在发展中处于不利地位。

（二）中国现代广告业的发展趋势

虽然我国广告业的起步较晚，发展中遇到的问题较多，与其他西方国家相比还有很大的差距。但是，根据国情和文化的不同，在西方运行和发展很好的代理制不一定适合转型中的中国市场。我们应该探索一条属于自己的道路。

在现有的市场经济条件下，广告公司应该将精力集中于提高广告服务质量上，尽量授权广告代理商实行“独家代理”；广告代理商也应努力提高自己的服务水平和质量，优化管理，降低自己的成本，竭诚服务客户；广告主应立足于自己的实际情况，决定是否设立自己的广告分支机构，如果在本公司设立广告部之后，由于业务不精，大大增加了管理成本则是得不偿失的；同时，相关部门也要认真贯彻执行并且努力完善我国现行的广告管理法律法规及规章制度。只有通过各方面的努力，广告代理制度才能在中国市场经济条件下有良好的发展前景。

第三节 促进广告营销与传播发展的因素

广告的发展如同人类社会的发展一样，都是物质资料产生发展的过程，推动其发展的无外乎政治、经济、文化三大项。在此三大项，促进广告发展的主要为科学技术发展状况、经济发展状况、社会文化环境这三个方面。

一、科学技术发展因素

作为第一生产力，科学技术的发展驱动力在一定程度上决定了广告的发展，科学技术的发展能够促进商品生产、流通以及消费的发展，促进广告媒体的发明和发展，并且丰富广告的表现形式。由传统的传单、报纸广告到今日的网络广告、3D互动式广告，这一切的变化正是得益于科学技术的发展。

二、经济发展因素

改革开放以来，中国的经济高速发展，市场的供求关系需求量飞速加大，各行各业都在飞速发展中。广告业的加快发展对于拓展国内、国际市场信息交流渠道、辅助企业开拓市场、搞好经营、引导消费、指导消费、促进消费水平的提高和消费结构合理均具有重大意义。以当今的中国为例，经济体制改革是一个过程，经济发展状况则是这个过程产生后果的直接体现。经过卓有成效的改革开放，伴随中国经济的飞跃，中国广告的发展可以说是方兴未艾，从早期的单调乏味、媒介单一到今日的花样繁多、全方位轰炸，相信经济的发展对广告的影响每个国人都能体会到。也就是说，经济的发展对广告行业的发展起到积极的促进作用。

三、社会文化环境因素

社会环境同样还受经济、历史传统等因素影响，具备相对独立性，同时也成了影响广告发展的一个重要因素。

课后习题1

虚拟项目：青花瓷器展海报设计、大连旅游宣传月海报。

课题诠释

本习题为虚拟项目，需要结合市场调研考察结果，模仿当下流行的设计排版方法，将所有信息和元素进行排版，制作符合主题的广告。

作业目的

培养学生的观察和分析能力，在还没有接触广告设计理论学习的前提下，通过模仿当下广告的特征进行实践操作。

作业要求

1.A4尺寸，可以独立或小组合作完成。

2.必须用到所有既定的图片和文字要素，排版方式自定，可以模仿搜集的广告的排版形式。

作业点评

学生搜集到已经在市场中投放的广告，能够模仿广告的排版形式，并且能够结合所给的题目，对原有的版式做改动，使广告的版式更符合主题。能够将所有既定要素运用到广告设计中，创造出富有形式感的版面。在广告创意方面虽然略显稚嫩，但是已经有创意的敏感度，希望通过下面章节的学习，设计出更优秀的广告。

图1-8　青花瓷展览海报　作者/王雪　指导教师/田怡

作业说明：王雪同学的青花瓷展海报作业在版式设计上大气、整体。能够将素材照片合理运用到版式中的同时注意其大小、形态的变化，使版式的整体富有层次变化。在统一中有变化，并且在整体中有趣味感。

图1-9　青花瓷展览海报　作者/邹蕴　指导教师/田怡

作业说明：邹蕴同学的青花瓷海报，遵循平面广告版式设计原理中——点的构成原理，将所给素材图片规划成点的形态，并通过点的疏密、大小、层次的编排，使整体的海报设计有整体感的同时具有现代感。

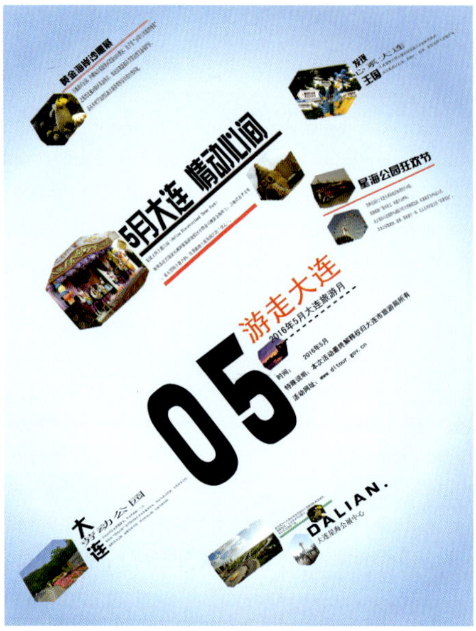

图1-10　大连旅游月宣传广告　作者/安君怡　指导教师/田怡

作业说明：大连旅游月宣传广告设计，遵循平面广告版式设计原理中——线的构成原理，将所给素材图片和文字规划成线的形态，并通过线的疏密、长短、层次的编排，使整体的广告设计有整体感的同时具有时代感。

图1-12　大连旅游月宣传广告　作者/刘婉婷　指导教师/田怡

作业说明：刘婉婷同学的大连旅游月宣传广告将所给的图片素材组成"十"字形结构，并倾斜安排在版面上，将空间分割成大小不等的四块三角形态。并且将说明性文字合理地编排在三角形态中。这样的版式编排给人以大气、简洁感，同时兼具时代性。

图1-11　大连旅游月宣传广告　作者/朱晓艺　指导教师/田怡

作业说明：朱晓艺同学给大连旅游月设计的宣传广告为上下分割式的版式设计，中间用弧形线条对整个版式进行分割，使整体版式富有生气。版式下半部分图片素材和文字安排合理，并且使用细折线引入说明性文字，使广告有现代感。

图1-13　大连旅游月宣传广告　作者/李思宇　指导教师/田怡

作业说明：李思宇同学的大连旅游月宣传广告将所给素材图片集中在四块六边形形态中。这样的版式设计是将主要信息集中展现的一种有效的版式编排形式。其特点是主题突出、重点分明。整体版式简洁大方，视觉冲击力强，主题信息一目了然。

图1—14　大连旅游月宣传广告　作者/王雪　指导教师/田怡

作业说明：王雪同学的大连旅游月宣传海报，将代表城市的指代元素如海浪等和点线面形态结合起来，用点线面结合穿插的形式构图。这个作品版式和谐、重点突出，有装饰感和现代感。

图1—15　大连旅游月宣传广告　作者/徐莉乔　指导教师/田怡

作业说明：徐莉乔同学的大连旅游月宣传广告巧妙地将图片素材组合成曲线形态，将版式做左右分割。文字和图像排列整体布局合理。

课后习题2

字体设计海报。

课题诠释

本习题主要是要求学生考察当下流行字体设计和市场需要，结合市场调研考察结果，模仿当下流行的版式设计排版方法，将所有信息和元素进行排版，制作符合主题的字体海报。

作业目的

培养学生的观察和分析能力，在还没有接触广告设计理论学习的前提下，通过模仿当下广告的特征进行实践操作。

作业要求

1. A4尺寸，可以独立或小组合作完成。

2. 可以用中文或拉丁文字，排版方式自定，可以模仿搜集的广告的排版形式。

3. 设计需要有现代感和时代性，中文设计需融入传统文化感。

作业点评

学生通过上网、查找纸质资料的方式找到富有现代感的字体设计。加以分析改动，设计有特色的字体。注意字体设计的文化性和时代感。在海报版式设计方面，能够做到主次分明，整体作业排版新颖大气。在广告创意方面虽然略显稚嫩，但是已经有创意的敏感度，希望通过下面章节的学习，设计出更优秀的广告。

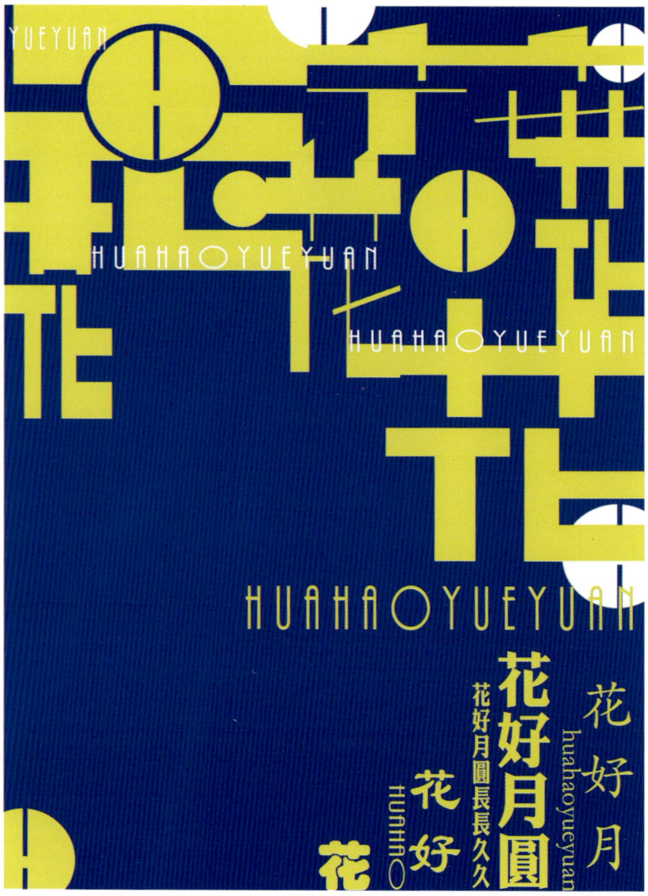

图1－16　字体设计海报《花好月圆》　作者／李爽　指导教师／张子健

作业说明：李爽同学的字体海报设计《花好月圆》整体富有现代感。将汉字根据偏旁部首和笔画的书写规范拆分成单个几何形态。用打散重组的设计方法做重构设计，给人以新奇和力量感。字体设计海报也是探讨中西方文化融合的视觉表达，中文字体的设计体现简洁大气的现代视觉感。

图1—17　字体设计海报《无事生非》
作者/刘超杰　指导教师/张子健

图1—18　字体设计海报《无所事事》
作者/刘超杰　指导教师/张子健

图1—19　字体设计海报《无中生有》
作者/刘超杰　指导教师/张子健

作业说明：刘超杰同学的字体设计海报“无”系列，利用汉字的书写笔画，将“非”“事”“有”等巧妙地融入繁体字“无”，形成有文化底蕴的趣味视觉感受。此系列海报有民族传统文化特色的同时兼具时代感，同时引导观者对海报内涵的思考。可以说是成功地兼具内涵底蕴与视觉冲击力的系列字体设计海报。

图1—20　字体设计海报《融》　作者/姜维维　指导教师/张子健

作业说明：姜维维的字体设计海报《融》的设计创意出发点是对在设计界广泛讨论的“民族的就是世界的”传统话题的探究。将中国传统水墨视觉感融入到英文拉丁字母的书写中，是将中西方文化的融合，是将水墨视觉感和拉丁文书写随意感的融合。设计的重点和难点是怎样在拉丁文的视觉感觉中融入东方书法视觉感。字体海报《融》将这两种视觉感觉完美融合。

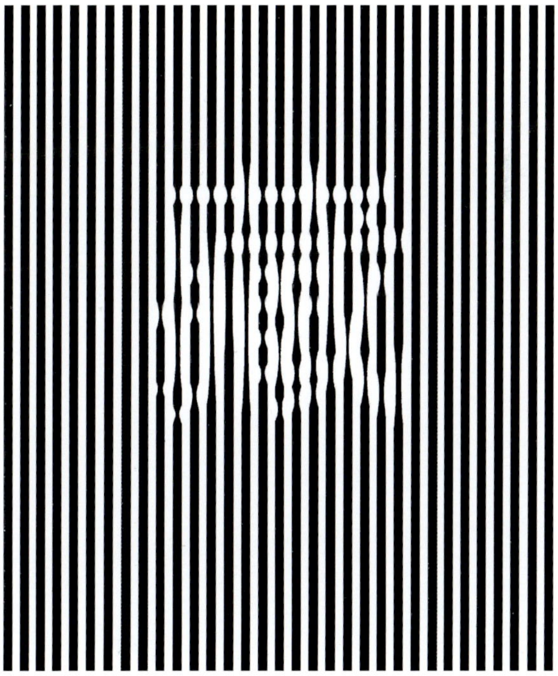

图1—21　字体设计海报《藏》　作者/李静雯　指导教师/张子健

作业说明：李静雯同学的字体设计海报《藏》，看似只有简单的白线条粗细和弯曲变化，实则是结合科技错视原理，将“藏”字融合到黑白线条中。既体现了“藏”字的字面含义，又从视觉感中反映了“藏”字的指代含义。因此，此字体设计海报蕴含深刻的意义，简单中凸显不凡。简洁但不简单，也是此海报的最闪亮之处。

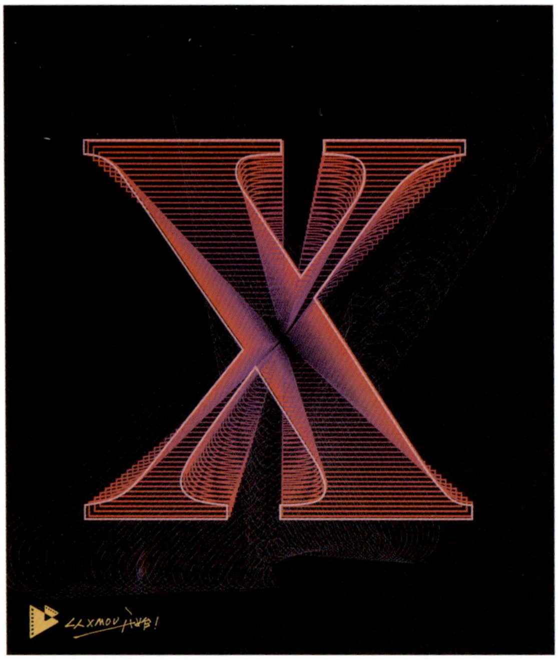

图1—22　世界微影像节海报《X》
作者/刘超杰　指导教师/张子健

图1—23　世界微影像节海报《O》
作者/刘超杰　指导教师/张子健

图1—24　世界微影像节海报《M》
作者/刘超杰　指导教师/张子健

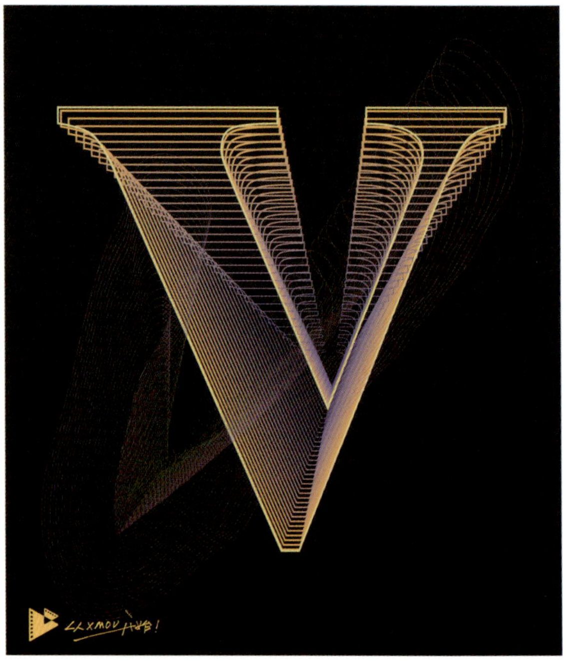

图1—25　世界微影像节海报《V》
作者/刘超杰　指导教师/张子健

作业说明：刘超杰同学的字体设计海报是为世界微影像节设计的系列海报，是将单线的字母利用电脑技术处理，进行空间旋转。旋转后的字母是立体的和空间的。整体海报富有科技感和神秘感，符合微电影创作的主题。

第二章　广告设计

一 **本章重点** >>

本章节从设计分类、设计要素、创意方法、编排设计等方面对广告进行综合性的分析。其中构成要素主要从三方面介绍，分别为广告的文字要素、图形要素、色彩要素，并且重点阐述了十多种广告设计的创意方法。

一 **学习目标** >>

通过对广告设计理论知识的学习，使学生掌握广告设计的创意方法，并将这些方法运用到实践中，结合广告编排设计的创意方法，在完成广告设计的过程中得到实践的经验。

一 **学习目标** >>

16学时。

第二章　广告设计

广告设计是根据广告主的要求，把商品、信息等以图片、文字等形式，通过不同的媒介按照版面形式美的法则进行创意组合，赋予画面无尽的联想空间，成为形象化、直观化、秩序化的广告视觉载体形式。

广告是一种有计划、有目的的活动广告，广告活动的主体是广告主，广告活动的对象是广大的消费者。广告活动是通过大众媒介来进行，广告活动的内容是经过有计划地选择的商品或劳务信息。广告活动的目的，是促进商品或劳务促销，使广告主从中获得利益。

第一节 ///// 广告设计的分类

据不同的需要和标准，可以将广告划分为不同的类别。按照广告的最终目的将广告分为商业广告和非商业广告；又如根据广告产品的生命周期划分，可以将广告分为产品导入期广告、产品成长期广告、产品成熟期广告、产品衰退期广告；或按照广告内容所涉及的领域将广告划分为经济广告、文化广告、社会广告等类别。不同的标准和角度有不同的分类方法，对广告类别的划分并没有绝对的界限，主要是为了提供一个切入的角度，以便更好地发挥广告的功效，更有效地制订广告策略，从而正确地选择和使用广告媒介。以下是一些较常运用到的广告类别。

一、按照广告诉求方式分类

广告的诉求方式就是广告的表现策略，即解决广告的表达方式——“怎么说”的问题。它是广告所要传达的重点，包含着“对谁说”和“说什么”两个方面的内容。通过借用适当的广告表达方式来激发消费者的潜在需要，促使其产生相应的行为，以取得广告者所预期的效果。可以将广告分为理性诉求广告和感性诉求广告两大类。

图2—1　旅游宣传广告

（一）理性诉求广告

广告通常采用摆事实、讲道理的方式，通过向广告受众提供信息，展示或介绍有关的广告物，有理有据地进行论证接受该广告信息能带给他们的好处，使受众理性思考、权衡利弊后能被说服而最终采取行动。如家庭耐用品广告、房地产广告较多采用理性诉求方式。例如图2-1，这款旅游宣传广告，用理性诉求的方式将旅游地特色呈献给观者，信息明确合理。

（二）感性诉求广告

广告采用感性的表现形式，以人们的喜怒哀乐等情绪，亲情、友情、爱情以及道德感、群体感等情感为基础，对受众诉之以情、动之以情，激发人们对真善美的向往并使之移情于广告物，从而在受众的心智中占有一席之地，使受众对广告物产生好感，最终发生相应的行为变化。如日用品广告、食品广告、公益广告等常采用这种感性诉求的方法。例如图2-2，音乐节海报用发射式构图，富有动感的元素，使人们产生欢快的心理，用的是感性诉求方法。

二、按照广告媒介的使用分类

按广告媒介的物理性质进行分类是较常使用的一种广告分类方法。使用不同的媒介，广告就具有不同的特点。在实践中，选用何种媒介作为广告载体是制定广告媒介策略所要考虑的一个核心内容。传统的媒介划分是将传播性质、传播方式较接近的广告媒介归为一类。在这里简单地将媒介分为传统媒介和现代媒介：

（一）按照传统媒介分类

1.印刷媒介广告：也称为平面媒体广告，即刊登于报纸、杂志、招贴、海报、宣传单、包装等媒介上的广告。

2.电子媒介广告：是以电子媒介如广播、电视、电影等为传播载体的广告。

3.户外媒介广告：是利用路牌、交通工具、霓虹灯等户外媒介所作的广告；还有利用热气球、飞艇甚至云层等作为媒介的空中广告。

4.直邮广告：通过邮寄途径将传单、商品目录、订购单、产品信息等形式的广告直接传递给特定的组织或个人。

5.销售现场广告，又称为售点广告或POP广告（Point of Purchase），就是在商场或展销会等场所，通过实物展示、演示等方式进行广告信息的传播。有橱窗展示、商品陈列、模特儿表演、彩旗、条幅、展板等形式。

6.数字互联媒介广告，是利用互联网作为传播载体的新兴广告形式之一，具有针对性、互动性强、传播范围广、反馈迅捷等特点，发展前景

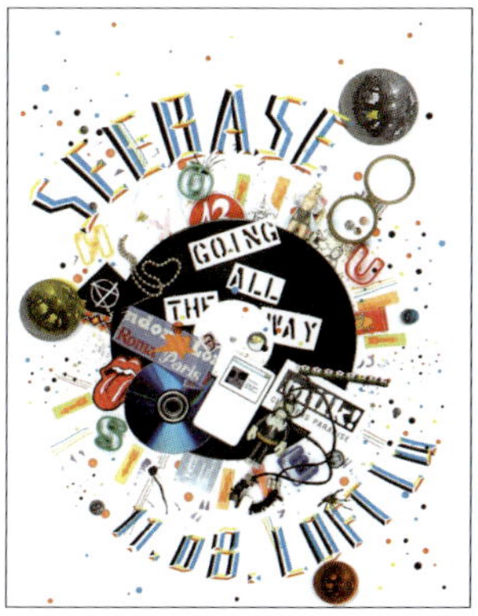

图2-2　音乐节海报

图2-3　中国人寿户外广告

图2-4　汽车印刷广告

广阔。

7.其他媒介广告，利用新闻发布会、体育活动、年历、各种文娱活动等形式而开展的广告。例如图2–3，中国人寿的户外广告将广告牌倾斜，造成意外的视觉效果，达到很好的诉求目的。图2–4的汽车印刷广告是比较传统的纸质媒介广告，将所有产品特性印刷在纸上，功能介绍清晰，易于保存。

（二）按照现代媒介分类

当今整合营销时代，是以整合营销传播的观点，针对目标受众的活动区域和范围，将广告分为：家中媒介广告如报纸、电视、杂志、直邮等媒介形式的广告；途中媒介广告如路牌、交通、霓虹灯等媒介形式的广告；购买地点媒介广告；等等。随着科学技术水平的不断提高与发展，媒介的开发和使用也是日新月异地变化着，新兴媒介不断进入人们的视野，成为广告形式日益丰富的催化剂。例如图2–5、图2–6分别为楼宇广告和公交移动广告，都属于现代媒介。

三、按照广告目的分类

制定广告计划的前提是必须首先明确广告目的，才能做到有的放矢。根据广告目的确定广告的内容和广告投放时机、广告所要采用的形式和媒介，可以将广告分为产品广告、企业广告、品牌广告、观念广告等类别。

（一）产品广告

产品广告，又称商品广告。是以促进产品的销售为目的，通过向目标受众介绍有关商品信息，突出商品的特性，以引起目标受众和潜在消费者的关注。力求产生直接和即时的广告效果，在他们的心目中留下美好的产品形象，从而为提高产品的市场占有率，最终实现企业的目标埋下伏笔。例如图2–7，这款洗洁精广告通过对勺子的强力洗净作用的体现，同时配以优美的构图，

图2–5　电梯楼宇广告

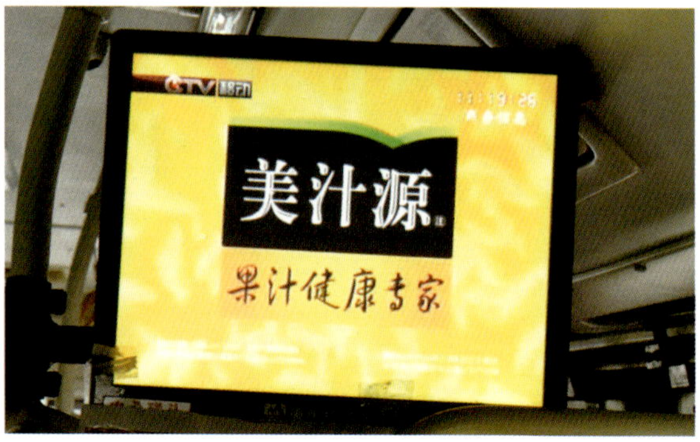

图2–6　公交移动广告

图2–7　洗洁精广告

成功引起消费者注意，达到诉求目的。

（二）企业广告

企业广告，又称企业形象广告。是以树立企业形象、宣传企业理念、提高企业知名度为直接目的的广告。虽然企业广告的最终目的是为了实现利润，但它一般着眼于长远的营销目标和效果，侧重于传播企业的信念、宗旨或是企业的历史、发展状况、经营情况等信息，以改善和促进企业与公众的关系，增进企业的知名度和美誉度。它对产品的销售可能不会有立竿见影的效果，但由于企业声望的提高，使企业在公众心目中留下了较美好的印象，对加速企业的发展具有其他类别的广告所不可具备的优势，是一种战略意义上的广告。具体还可以分为企业声誉广告、售后服务广告等类别。例如图2–8、图2–9同为麦当劳餐厅广告，此广告用夸张的手法表现麦当劳的诱惑力，广告富有趣味性，为企业树立良好的形象。

图2–8　麦当劳餐厅广告1

图2–9　麦当劳餐厅广告2

（三）品牌广告

品牌广告，是以树立产品的品牌形象、提高品牌的市场占有率为直接目的，突出传播品牌的个性以塑造品牌的良好形象。品牌广告不直接介绍产品，而是以品牌作为传播的重心，从而为铺设经销渠道、促进该品牌下的产品的销售起到很好的配合作用。例如图2–10～图2–12为品牌耳机广告，此系列广告通过夸张品牌耳机的无杂音功能，突出品牌的特点。

（四）观念广告

观念广告，即企业对影响到自身生存与发展的，并且也与公众的根本利益息息相关的问题发表看法，以引起公众和舆论的关注，最终达到影响政府立法或制定有利于本行业发展的政策与法规，或者是指建立、改变某种消费观念和消费习惯的广告。观念广告有助于企业获得长远利益。

四、按照广告传播区域分类

根据营销目标和市场区域的不同，广告传播的范围也就有很大的不同。按照广告媒介的信息传播区域，可以将广告分为国际性广告、全国性广告和地区性广告等几类。

（一）国际性广告

国际广告，又称为全球性广告，是广告主为实现国际营销目标，通过国际跨国传播媒介或者国外目标市场的传播媒介策划实施的广告活动。

图2–10　品牌耳机广告1

图2–11　品牌耳机广告2

图2–12　品牌耳机广告3

它在媒介选择和广告的制作技巧上都较能针对目标市场的受众心理特点和需求，是争取国外消费者，使产品迅速进入国际市场和开拓国际市场必不可少的手段。例如图2-13为耐克的国际性广告，品牌找到有国际知名度的球星做广告主角，争取到国际消费者，提高市场占有率。

（二）全国性广告

全国性广告，即面向全国受众而选择全国性的大众传播媒介的广告。这种广告的覆盖区域大，受众人数多，影响范围广，广告媒介费用高。较适用于地区差异小、通用性强、销量大的产品。因全国性广告的受众地域跨度大，广告应注意不同地区受众的接受特点。例如图2-14为阿迪达斯全新电视广告，企业找到当红的两位明星，力争在年轻消费者群体中扩大影响力。

图2-13　耐克国际全明星广告

图2-14　阿迪达斯中国地区广告

（三）地区性广告

地区性广告，多是为配合企业的市场营销策略而限定在某一地区传播的广告，可分为地方性广告和区域性广告。地方性广告又称零售广告，为了配合密集型市场营销策略的实施，广告多采用地方报纸、电台、电视台、路牌等地方性的传播媒介，来促使受众使用或购买其产品，常见于生活消费品的广告，以联合广告的形式，由企业和零售商店共同分担广告费用。其广告主一般为零售业、地产物业、服装业、地方工业等地方性企业。区域性广告是限定在国内一定区域如华南区、华北区或是在某个省份开展的广告活动。开展区域性广告的产品往往是地区选择性或是区域性需求较强的产品如加湿器、防滑用具、游泳器材等。它是差异性市场营销策略的一个组成部分。

五、按照广告的传播对象划分

各个不同的主体对象在商品的流通消费过程中所处的地位和发挥的作用是不同的。为配合企业的市场营销策略，广告信息的传播也就要针对不同的受众采用不同的策略。依据广告所指向的传播对象，可以将广告划分为经销商广告、消费者广告、专业广告等类别。

消费者广告，其传播对象直接指向商品的最终消费者，是由商品生产者或是经销商向消费者传播其商品的广告。

专业广告，主要是针对职业团体或专业人士。他们由于专业身份、社会地位的特殊性和权威性，具有对社会消费行为的一定影响力，是购买决策的倡议者、影响者和鼓动者，如医生、美容师、建筑设计人员等。此类广告多介绍专业产品，选择专业媒介发布。

总之，不同的广告分类方法具有不同的目的和出发点，但它们都最终取决于广告主的需要或是企业营销策略的需要。特别是对于企业而言，广告是其市场营销的有力配合手段和工具。而且广告实践的发展也会使广告的分类不断地发展变化。广告分类是我们认识广告、充分发挥广告作用的一种方法。例如2-15为酒吧的宣传广告，属于典型的消费者广告，主要针对喜爱去酒吧喝酒休闲的人群。以幽默的手法体现酒吧文化。图2-16的化妆品广告属于专业广告，属于介绍专业化妆品的广告。

图2-15　酒吧广告

图2-16　Dior化妆品广告

第二节 ///// 广告设计的特点

在范围上广告主要包括报纸广告、杂志广告、企业形象广告、电视广告、现代媒体广告等。虽然它们各自具有不同的特点，但是都具有共同的广告特点。

一、平面广告设计的总体特点

广告主要是通过视觉传达来表现的，属于平面的、静态的广告类型，其主要包括报纸广告、杂志广告、企业形象广告、产品外包装、直邮（DM）广告等。它们有以下几种共同特点：

（一）易于传播，针对性强并且易于保存

平面广告大部分以纸为介质，阅读方便又便于随身阅读和观看。也可以放在架上做资料收藏，便于保存。很多路牌广告通常放置在公共场合，这些地方普遍人流量大，因此受众较多。可针对不同受众制定不同的方案，发送到不同的消费者手中，具有更强的针对性。例如图2-17是中国移动动感地带的广告，信息齐全，说明详细，会投入在公共场所，针对性更强，易于传播。

（二）广告具有信息性、指导性和说服性

广告传达的是信息，通过图像文字、色彩，广告像一个默默伫立的路人用它的姿态与沉默的语言倾诉与引导受众的情绪与心理。广告的标题带有指导性，即使是无标题广告也会通过主题给受众以指引。广告的目的是说服受众，接受其诉求。例如图2-18的饮品广告通过摄影和电脑制作，使瓶身

图2–17　中国移动动感地带广告

图2–18　日本饮品广告

感觉清凉无比，是对消费者心理的一种暗示，有明显的指导性，会说服大众购买该产品。

（三）广告具有艺术性与科学性

艺术是广告的实力所在，通过艺术的创造吸引人们的目光，影响人们的行为。科学技术的进步，发展了广告的表现手段，也使广告设计越来越具有科学性。但是广告的对象是人，是通过艺术手段按照美的规律去进行创作，所以广告又是一门纯粹的科学。广告设计是在广告策划的指导下，用视觉语言传达各类信息。所以也很难把广告设计称为一门纯粹的艺术。因此，广告设计兼科学性和艺术性两方面的特点。例如图2–19～图2–21的电影海报，充分利用现代摄影技术和电脑技术相结合，既考虑海报的艺术性，又利用科学技术使其更加具有神秘感，符合电影主题。

二、现代广告设计的特点

随着社会经济水平的不断提高，人们的物质生活得到较大程度的满足，与此同时，人们的精神生活也在日渐成熟，审美观念在潜移默化中有所提高。人们对现代广告的审美及评判标准也在发生改变。

图2–19　电影海报广告1

图2–20　电影海报广告2

图2–21　电影海报广告3

（一）画面效果的强烈性

现代广告设计对所融合的艺术手法要求甚为严格，为达到突出的艺术效果，广告画面设计风格必须有强烈的视觉效果。有的广告色彩分明、色差效果明显，其色彩运用也非常大胆、具有独特性，只有这样才能足够吸引受众眼球，更有效传达商品信息。在其广告宣传图案上，黑色、白色、红色、黄色等鲜明的色彩互相映衬，形成了强烈的色差，一下子便抓住了受众和消费者视线，给消费者留下了深刻的印象。还有的广告采用清新风格，淡彩和单一色调的运用，也是使画面效果强烈的方法。总之，艺术广告首先必须具有强烈的画面效果，才有广泛传播的可能性。例如图2–22～图2–24为音乐会的海报广告，海报用黑色的底图衬托亮色的人物，同时采用旋转发射式构图，使其具有强烈的视觉效果。

（二）品牌和产品的突出性

品牌是打开产品大门的钥匙，突出的品牌效应会增加其价值的高度，若商品通过广告宣传能够获得较高的品牌和口碑，其实也就成功了一半，品牌效应的突出性提高了商品的名气和在受众心中的认可度。创建一个良好的品牌和口碑，对于广告宣传而言能够起到事半功倍的效果。同样，现代广告的营销也是以突出品牌和产品为目的而进行的。例如图2–25的酒品广告，酒瓶图案占据画面的一半面积，是一种对品牌的强调。

（三）内容中的思想性

现代艺术广告在向受众传达相应的产品、服务信息的同时，也将设计者的艺术创作思想、精神内涵等表现了出来。一则成功的广告作品，不仅能够充分地展现产品的特点与功能，而且还能很大程度上引发受众心理的强大共鸣以及刺激他们的深刻思考。广告设计创意简单，注重思想性，已经成为现代广告的一大特征。这样的广告虽然表现手法质朴，但是具有较高的思想内涵，不仅在受众心中产生了强烈共鸣，而且更能让人接受和理解，而这正是此类广告成功的关键之处。例如图2–26上海国际电影节的海报，海报中的无数只眼睛具有思想性，可以指代观众的眼睛也可以指代挑剔的眼光。

（四）给人美的享受性

随着人们审美观念的提高，现代广告艺术设计融入了最新的审美理念，能够给人带来美的享受。广告画面是受众接触广告的第一视觉享受，

图2–22　音乐会海报广告1

图2–23　音乐会广告海报2

图2–24　音乐会海报广告3

广告商借助先进的科学技术，进行了画面的装饰和处理。比如在化妆品广告中，设计者往往将画面中代言人的皮肤设计得白里透红、细腻柔软，这其实都依赖于不断进步的现代科技水平，当然这并不是说高端技术能够对画面进行百分之百的装饰，任何一则唯美的画面的创作，其必然也需要先天性的优越条件，后期处理才能更加完美。而正是画面的唯美性，才使受众拥有了独一无二的美的享受，从另一方面来讲，也间接地扩大了商品的功能和作用，增强了广告的吸引力。例如图2–27的香水广告呈现出浪漫唯美的视觉效果，符合香水产品的特性。

图2–25 杰克·丹尼酒广告

图2–26 第十二届上海国际电影节海报

图2–27 HUGO香水广告

第三节 ///// 广告设计的要素

现代广告设计的构成要素主要有文字、图案、标志、色彩等。每种要素都有其自身的固有特征。从整体上说，有时为了塑造更集中、更强烈、更单纯的广告形象，以加深消费者的认识程度，便可针对具体情况，对上述某一个或几个要素进行夸张和强调。

一、广告的文字要素

在广告设计中要使用的要素有很多，其中文字要素的主要作用是传达广告信息，阐述商品信息，塑造企业形象以及限定画面的内涵。它在广告设计中包括标题、正文、广告语、产品名称、公司和通信文字等。

（一）广告文字的分类

1.标题

标题是表达广告主题的文字内容。应具有吸引力，能使读者注目，引导读者阅读广告正文，观看广告插图。标题是画龙点睛之笔。因此，标题要用较大号字体，要安排在广告画最醒目的位置，应注意配合插图造型的需要。

2.正文

广告正文是说明广告内容的文本，基本上是标题的发挥。广告正文具体地叙述真实的事实，使读者心悦诚服地走向广告宣传的目标。广告正文文字集中，一般都安排在插图的左右或上下方。

3.广告语

广告语是配合广告标题、正文，加强商品形象的短语。应顺口易记，要反复使用，使其成为“文章标志”“言语标志”。

4.其他文字信息

例如公司名称、活动信息等其他文字，一般都放置在广告版面下方次要的位置，也可以和商标配置在一起。例如图2–28的古建筑宣传海报的标题、副标题、说明文字编排有序，不仅有字体的变化还有大小的变化，采用对称构图，不仅庄严肃穆还有活跃的因素。

（二）广告文字的撰写

1.广告文字写作的基本要求

广告文案写作的基本要求总结起来如下：简洁单纯、生动有趣，连贯统一、重点突出，配合插图、增强效果，勇于创新、富于创造性。

图2–28　古建筑宣传海报

2.各种文字要素的撰写要求

(1) 标题的撰写

广告设计的标题有多种种类，因此对撰写的要求也不尽相同。下面是详细的归纳总结：

① 新闻式标题

新闻式标题是根据大多数人对新闻报道感兴趣的心理，利用写作新闻标题的方法，向读者提供新的事实。

② 问题式标题

问题能使人产生好奇心，驱使人刨根问底求个究竟。撰写问题式标题时，应力求站在消费者的立场上提出问题，这样会使读者感到亲切，对广告所传达的信息容易接受。

③ 祈使式标题

用比喻的手法，把美好而熟悉的事物同广告所要宣传的内容结合起来，使读者产生美好的联想，以达到加深印象的目的。

④ 名称式标题

把产品或企业的名称作为标题，放在广告版面最突出的位置，开门见山，没有丝毫隐藏。但由于这种手法过于外露，缺乏吸引力，没有回味的余地，很难产生联想，不易引起读者的兴趣。

例如图2–29的楼盘广告广告语既有祈使的手法，又可以称为保证式的标题。“来了，你的大自然近在眼前”，将大自然的美好事物和楼盘相结合，受众很容易接受。

图2–29　楼盘广告

⑵ 广告语的撰写

在广告创作中，广告标题与广告语容易混淆。因为广告语同标题一样，都是在为广告主题服务，有许多广告语也是由标题演变而来的。两者之间虽有相似之处，但其性质仍然不同。广告语是配合广告标题、正文加强商品形象的完整语句或对句形式，能清楚明了地表达广告主题思想，语句顺口易记。

撰写广告语要简洁、单纯、易记，有一定的刺激性，能引起读者的注意。广告语要尽量突出商品的优点，使读者产生购买欲望。

比较典型的广告语有两种类型：一是强调商品优点的广告语，二是促使读者采取行动的广告语。例如图2—30中国移动动感地带的广告语“在床上打长途”就是有一定的刺激性，透露出一种悠闲感，能够促进消费者购买欲望。

⑶ 广告正文的撰写

在撰写广告正文时要有理有据、简明扼要、中心突出、生动有趣。广告正文同广告语一样，也有多种表达形式，主要有对话体正文、描写体正文、幽默体正文、证书体正文、小说体正文等。

（三）广告文字的造型设计

文字在广告设计中占有重要的地位，相对于图形来讲是广告信息传递最直接的方式。而图形则是象征的、间接的广告信息传达方式。我们可以见到完全以文字来构成的广告，而从未见到过只以图形来完成的广告。例如图2—31是宽带公司的广告，用缠绕在一起的三个“5”组成图形，字体的造型很好地表现电线环绕的主题。

1.字体的选择

广告字体的选择首先应该具有注目性，要能引起读者的注意。

字体选择的注意事项：

① 根据设计要求和主题内容选择字体

选择字体时，不能仅仅为突出字体而选择字体。字体的种类、大小、轻重、繁简等要服从整个广告设计的需要。选择字体时，应着眼于那些富有表现力的字体。而突出插图的广告设计、文字处于从属、补充地位，起着衬托插图、加强对比的作用，所以最好选择比较朴实或中性的字体。字体能使人产生联想，因此，在选择应用时要注意内容与字体在造型上包含或象征的意义相吻合。宣传现代产品不要选择古老烦琐的字体。

② 注意字体的和谐

在广告画面中往往有两种或两种以上的字体同时存在。因此，在选择字体时应注意不同字体之间的和谐。一般情况下，一幅广告中的字体不宜太多，以免造成纷乱的感觉。

③ 广告用字需规范

文字是传达广告内容的重要手段。若用字缺

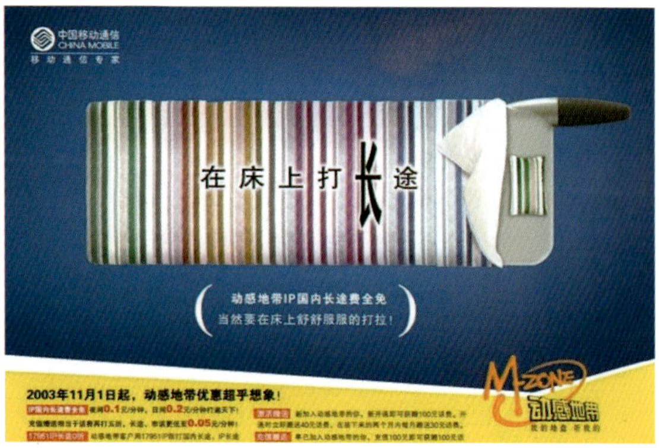

图2—30　中国移动动感地带广告

图2—31　55宽带公司广告

图2—32　演唱会广告

乏规范，就可能使人错误地理解广告内容或者根本看不懂。

例如图2–32演唱会广告所用的字体呈发射状变形，极有爆发力又有时代感，符合演唱会广告的设计需要，完美体现主题，同时画面有和谐感和统一感。

2.字体的运用

⑴ 印刷字体的运用

所有广告文字要素（标题、广告语、正文）都适合于用印刷字体来完成。在这三个要素中，正文必须采用印刷体，标题也以印刷体为主，而广告语在一些特定情况下，为适应内容的需要，可适当考虑印刷体以外的其他字体。

如果从印刷体各类字体本身的特点来看，宋体较具有传统的特点，适合表现传统的内容；黑体是最大众化的字体，可表现任何广告内容。而综艺体和圆黑体具有极强的现代感，适合表现现代的广告内容。综艺体由于笔画比较粗，一般只适合标题等较大文字的使用，而不适合于广告正文等较小文字的使用。

⑵ 装饰文字的运用

装饰文字是在印刷字体标准、规范的基础上，加上适当的艺术化处理，使文字的字体显得更艺术、美观和生动，同时在装饰变化的过程中，可以使文字的造型与广告的内容更加吻合。但由于装饰字体在装饰变化的过程中有可能使字体的可读性降低，所以装饰字体多用于广告标题、广告语的文字使用，而很难用于正文的文字。值得注意的是，装饰字体的变化，必须在印刷体的基础上，与广告内容紧密结合。如图2–33，松下电器的广告用装饰字体组成广告的主要图形，体现该系列产品的浪漫特色。

⑶ 书法字体的运用

书法字体比装饰字体更具有艺术性和生动性。不同民族由于书写习惯和书写方式以及书写工具的不同，从书法字体中所体现的民族性是十分明显的。因此，书法字体，对于一些有特别意义和特殊风格的广告内容，也是很适用的。如宣传民族文化、地方土特产品，具有民族特色和传统优势的产品，以及文化、艺术、书画展览的广告，利用书法体来表现就极其恰当。

书法字体作为广告文字的运用，其最大的不足之处就在于可读性上的缺陷。克服的方法是，可以选用一些可读性高的书法字体或与印刷体有效结合。例如图2–34房地产广告用中国书法字体打造文化感，准确表达楼盘特性。

⑷ 字图的组合运用

以图形为主的广告，字体在视觉效果上就应服从于图形，处于从属的地位。字图要互相穿插重叠，有机地结合成一个整体，从而加强广告画面统一的视觉效果；如果以字体为主的广告，字体处于主导地位，人物或商品形象处于从属地

图2–33　松下电器广告

图2–34　房地产广告

图2–35　邮局广告

位时，就应该注意字体的排列以及图形位置的安排。例如图2-35邮局广告明显的字图组合运用，文字组合成拥抱的人形，体现广告主题，写一封信给爱的人。

⑸ 字体对比组合的运用

字体的对比组合，更能产生强烈的广告效果，更能引人注目。字体的对比主要包括风格各异的字体对比、大小不同的字体对比、笔画粗细字体的对比等。

平面广告设计为追求画面字体的对比效果，有时采用风格各异的字体，如粗壮的黑体与秀丽的宋体结合，或龙飞凤舞的草书同规范整齐的印刷字体结合，同时出现在一幅广告画面以内。这种情况下，一定要把握住两种字体之间的对比程度和主次关系，切不可两种不同风格的字平分秋色。

另外，广告构成因素中也存在文字的明亮对比。文字的明度对比，一方面可利用文字的明度差来实现，但必须配合字体的风格对比和大小对比；另一方面，文字的明度对比还可以通过文字排列的疏密来实现。例如图2-36的巧克力饮品广告，通过文字大小的对比制造出一种空间感，使画面富有层次和现代感。

图2-36　巧克力饮品广告

⑹ 字体和谐组合的运用

虽然对比的字体在广告文字设计中占有重要的地位，但和谐的字体组合，也能够产生愉悦的感觉，同样是广告文字设计必须考虑的。它一方面可以是对比组合的辅助手段，同时也是控制画面整体效果不可缺少的，对于一些特殊的广告也可以作为单独的手段来运用。

广告中和谐的字体组合主要包括：相似风格的字体组合，相同大小的字体组合，相同明度的字体组合。

广告画面设计中，为追求整体感，通常采用同一风格的字体组合，而加强文字大小和明度的对比变化，使其在整体和谐中层次清楚，主次突出。

字体大小和明度的和谐则主要针对一些具体要素的处理，如在同一个标题、同一个广告语和同一段正文中，就必须从字体的大小和明度上接近和谐，以达到同一内容在视觉传达上的整体感。

⑺ 字体排列组合的运用

中国绘画构图讲究的是“密不透风，疏可跑马”。也就是说，该疏的疏、该密的密，使画面构成要素产生一种强烈的疏密对比，这条规律在广告的字体排列中同样适用。具体讲，在广告各类文字之间应形成“集团”式的分组排列方式，标题、广告语和正文之间不要连在一起，应保持一定的距离和空间，形成一定的疏密变化，观看时主次分明，条理清楚。一般的情况是标题和广告语应疏，而正文的排列要密。另外，如进一步来说，在一个“集团”内的文字排列，也同样应具有疏密的变化，比如在正文的排列上，行距和文字的疏密安排、段与段之间的间隔等也极其重要，以便阅读方便，段落分明。为了使广告画面生动活泼，常将广告文字（特别是标题文字）排列成各种形状，如弧形、斜线、竖排等形式。

无论是字体的选择，还是字体的运用，都必

须遵循“功能第一，形式第二”的原则。不能只顾盲目追求华美的表现形式，而减弱以至丧失文字传达信息的功能。（图2—37）

二、广告的图形要素

图形是在广告设计中所占区域最多的部分，在广告中起着主导作用。可以说在大多数的广告设计中，广告图形是主要元素，而文字是辅助元素。图形用于表达广告意图，而文字辅助受众对图形含义进行理解。

广告版面中的图形要素，主要包括商标和插图两大类。商标是商品形象的直接传达，也是商品注册的依据，是商品一诞生就有的。广告插图是广告设计最重要的图形要素，对于加速广告信息的传播起着非常重要的作用。广告插图不能单纯注重画面的艺术美，更重要的是要树立商品形象，传达商品信息，讲究广告效应，促进商品销售。例如图2—38哈姆雷特戏剧海报的插图是由骷髅组合的图案，准确表达戏剧的悲剧情怀。

（一）广告插图的作用

1.传达广告的主题

广告通过插图表现商品的特征，向读者展示广告所传达的重点，传达广告的主题思想。广告主题是抽象的概念，要使读者容易理解和接受，必须通过插图将抽象的概念形象化、具体化。

2.吸引读者的注意力

广告插图运用形状、黑白、大小、虚实、色彩等因素，来刺激读者的感官，引起注目。

例如图2—39、图2—40匡威运动鞋的广告通过鞋子拟人的处理，让图案富有个性，成功吸引消费者眼球。

图2—37 PUB广告

图2—38 哈姆雷特戏剧海报

图2-39　匡威运动鞋广告1

图2-40　匡威运动鞋广告2

（二）广告插图的基本要求

广告插图应具备简洁单纯的视觉效果，广告插图要勇于创新、生动有趣。同时广告插图必须有针对性，因为广告插图的宣传对象是不同的消费者，若想使每个人都接受你的广告，那是徒劳的。只有根据商品内容来选择广告对象，针对广告对象的需要，设计具有针对性的插图，才有成功的可能性。在选用广告插图时必须符合广告主题，才能达到广告的宣传目的。而且广告插图还必须是可信的。例如图2-41中的图案，录音带拟人化设计，传达和音乐有关的主题，非常有趣味感，符合主题，达到广告宣传目的。

图2-41　电台广告

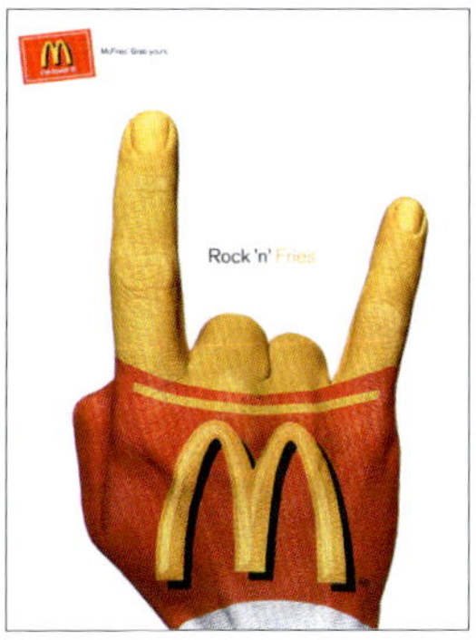

图2—42　麦当劳广告

图2—43　CK手表广告

图2—44　音乐节海报

（三）广告插图的表现手段

摄影照片、绘画、电脑插图都是广告插图经常用的手段并且各自有其特点。摄影手段表现的插图，具有真实、直观、可信的效果。绘画手段表现的插图，使广告画面更具视觉吸引力和艺术效果。电脑合成的广告插图，使画面更生动。例如图2—42麦当劳手的插图，利用电脑技术合成，画面生动有趣。

（四）广告插图的表现形式

1.具象插图

具象插图是形象具体写实的插图，用富于感情色彩的手法来表现特定的广告内容，能如实地表现商品及商品的使用情况，具有真实感，能使读者通过具体的形象，充分理解广告主题，并引起感情上的共鸣。例如图2—43C K手表的广告，就是运用女士的具象形象，通过帅酷的形象引起消费者情感的共鸣。

2.抽象插图

抽象插图是用非写实的抽象化的视觉语言，来表现广告内容的插图。简洁概括的抽象图形，再配以鲜明的色彩，具有强烈的视觉效果。

(1)　简洁化的图形：用理性的归纳方法，将自然形象进行概括、提炼、简化，舍弃一切具体的东西，越过具象的界限构成抽象形态。

(2)　几何图形：从纯粹的点、线、面构成几何图形，或按照美的法则，或以严格的数理逻辑，构成抽象图形。（图2—44）

(3)　偶然图形：偶然图形是偶然的效果或利用颜色混合变化而产生的图形。运用时应注意同内容的结合。

3.卡通插图

用轻松、幽默或拟人化的手法把形象做卡通

图2—45　玻璃广告1

图2—46　玻璃广告2

式的有趣夸张。这种幽默、滑稽的表现形式能增加亲切感，使读者产生阅读兴趣，吸引他们观看广告画面。例如图2—45、图2—46是品牌玻璃的广告。插图为卡通插图，用轻松、幽默的画风传达出玻璃隔音效果超好这种特征，成功吸引大众的目光。

（五）广告插图的表现手法

1.写实的表现手法

以写实的手段表现产品的真实面貌或使用产品时的真实情节，让读者获得真实的感受，引起他们心理上的共鸣，促使他们采取购买行动。例如图2—47汉堡王的广告是通过吃汉堡的食客的真实动作引起消费者的共鸣，刺激购买。

2.夸张的表现手法

通过对产品的外观或性质做适当的夸张表现，以此引人注目。同时能更加鲜明地强调产品的特点及给消费者带来的收益。例如图2—48是伏特加酒的广告，就是通过对男士“啤酒肚”外形的夸张，成功引起消费者的注意。图2—49是酒广告，通过对巨型冰山酒瓶外形的夸张，引起消费者的注意。

3.对比的表现手法

运用形体的大小对比、黑白对比、色彩对比来造成强烈的视觉效果。例如图2—50除渍剂的广告，就采用黄色和蓝色的对比营造强烈的视觉效果。

图2—47　汉堡王广告

图2—48　伏特加广告

图2—49　酒广告

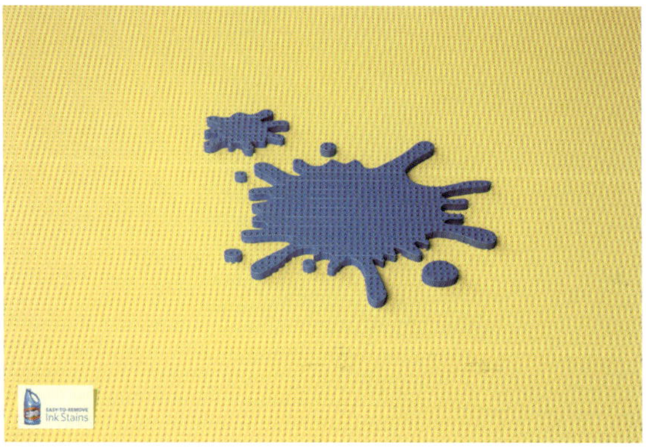
图2—50　高乐氏除渍剂广告

图2—51　洗洁精广告

4.比喻的表现手法

把人们熟悉的事物同广告所要表现的主要思想有机地联系起来，使读者产生联想并领悟其中蕴含的意义。例如图2－51是洗洁精广告，将手套变成鱼的外形，比喻在洗洁精里好像在水中一样的舒适，无任何刺激，体现产品的特点。

5.抒情的表现手法

用优美的、洋溢着诗情画意的画面来表现广告主题，制造一种情绪或气氛，让读者有联想回味的余地，产生情感上的共鸣，以达到广告宣传商品、促进销售的目的。

6.悬念的表现手法

利用人们的好奇心理，运用独特的构思和表现手法，使读者感到惊奇并产生悬念，进而吸引他们观看广告内容。

7.连环画的表现手法

采用连环画形式的表现手法宣传广告主题。用连续的画面和生动有趣的故事情节，引起读者的兴趣。例如图2－52～图2－54就是运用类似连环画的手法，将人物面部用大碗替换，画风生动有趣，引人入胜，达到很好的广告宣传效果。

8.推荐的表现手法

为了加强广告的说服力，采用名人或使用者来推荐产品的手法，往往能取得意料之外的效果。

三、广告的色彩运用

色彩是能够感知物体存在的最基本的视觉因素。在广告设计中，运用色彩给人的心理作用，可以表现出不同的广告含义。

（一）广告色彩的配色规律

1.广告色彩的整体效果

一幅广告的色彩，是倾向于冷色或暖色，是倾向于明朗鲜艳或素雅质朴，这些色彩倾向所形成的不同色调给人们的印象，就是广告色彩的总体效果。广告色彩的整体效果取决于广告主题的需要以及消费者对色彩的喜好，并以此为依据来决定色彩的选择与搭配。如药品广告的色彩大都是白色、蓝色、绿色等冷色，这是根据人们心理特点决定的。这样的总体色彩效果，才能给人一种安全、宁静、可靠的印象，使广告宣传的药品易于被人们接受。如果不考虑广告内容与消费者对色彩的心理反应，凭主观想象设计色彩，其结果必定适得其反。

例如图2－55是第九届广岛动画节的海报，

图2－52　统一方便面广告1

图2－53　统一方便面广告2

图2－54　统一方便面广告3

海报采用灰蓝色为大体色调，符合地域特点。同时用小面积的橙色作为调节提亮画面，充满趣味性，符合主题。

2.主色调的确定

广告的色调一般是由多个色彩组成。为了获得统一的整体色彩效果，要根据广告主题和视觉传达要求，选择一种处于支配地位的色彩，作为主色，并以此构成画面的整体色彩倾向。其他色彩围绕主色变化，形成以主色为代表的统一的色彩风格。

图2-55　第九届广岛动画节海报

图2-56　面包广告

⑴ 食品类商品

常用鲜明、丰富的色调。红色、黄色和橙色可以强调食品的美味与营养；绿色强调蔬菜、水果等的新鲜；蓝、白色强调食品的卫生或说明冷冻食品；沉着、朴素的色调说明酒类等的酿制历史悠久。例如图2-56的面包广告，红色的大体颜色衬托面包的美味感觉，然后用绿色的蔬菜衬托出健康感。

⑵ 药品类商品

常用单纯的冷或暖色调。冷灰色适用于消炎、退热、镇痛类药品；暖色用于滋补、保健、营养、兴奋和强心类药品；而大面积的黑色表示有毒药品；大面积的红、黑色并用，表示剧毒药品。例如图2-57感冒灵的广告就采用类绿色调，给人以清凉、舒适的感觉。

⑶ 化妆品类商品

常用柔和、脂粉的中性色彩。如具有各种色彩倾向的红灰、黄灰、绿灰等色，表现女性高贵、温柔的性格特点。而男性化妆品则较多用黑色或单纯的纯色体现男性的庄重与大方。

例如图2-58的化妆品广告，运用大面积白色衬托中性的脂粉色调，给人柔和、高雅的感觉。

⑷ 五金、机械、仪器类商品

常用黑色或单纯、沉着的蓝色、红色等，表现五金、机械产品的坚实、精密或耐用的特点。

⑸ 儿童用品

常用鲜艳的纯色和色相对比、冷暖对比强烈的各种色彩，以适应儿童天真、活泼的心理和爱好。例如图2-59的儿童牙膏广告，整体色彩亮丽，颜色对比强烈，给人活泼的感觉。

3.主体色与背景色的关系

广告画面中既然有商品主题形象的主体色，就必须有衬托主体色的背景色。主体与背景所形成的关系，是平面广告设计中主要的对比关系。为了突出主体，广告画面背景色通常比较统一，

图2—57　999感冒灵广告

图2—58　雅诗兰黛化妆品广告

图2—59　儿童牙膏广告

多用柔和、相近的色彩或中间色突出主体色，也可用统一的暗色彩突出较明亮的主体色，背景色彩明度的高低，视主体色明度而定。一般情况下，主体色彩都比背景色彩更为强烈、明亮、鲜艳。这样既能突出主题形象，又能拉开主体与背景的色彩距离，造成醒目的视觉效果。因此，我们在处理主体与背景色彩关系时，一定要考虑两者之间的适度对比，以达到主题形象突出、色彩效果强烈的目的。例如图2—60的可口可乐广告，用黑色的底色衬托五彩缤纷的气泡，这样既能突出主题形象，又能拉开主体与背景的色彩距离，造成醒目的视觉效果。

（二）广告色彩感情规律的运用

广告色彩的运用和色彩的情感表达是相关联的，在做广告设计时可以利用情感的特殊表达，促进广告产生所需要达到的效果。

1.运用色彩的感情特性选择符合广告的色彩

运用色彩的华丽感提高商品的身价和档次，利用色彩的冷暖感表现商品的特性，运用色彩的明快感使读者产生愉悦感，一般来说，暖色、纯色、明色以及对比强烈并富于调和感的色彩具有明快、活泼、愉悦的感觉，比较适合广告色彩的运用。

2.运用色彩的兴奋感刺激读者注意

色彩具有使人兴奋与沉静的不同感觉。通常红、橙、黄等暖色以及明度高、纯度高或对比强烈的色彩给人以兴奋感。相反，蓝、蓝绿等冷色以及明度低、彩度低或对比柔弱的色彩给人以沉静感。无彩色的灰色和黑色也给人以沉静感。平面广告设计中，除一些特别需要冷色的产品外，多数时候是要运用使人兴奋的色彩来刺激读者的感官，使读者兴奋，注重广告内容，并产生兴趣，从而留下深刻的印象。即使是一些以冷色为主色的广告，也要在明度及点缀色的对比上提高色彩的兴奋程度。

3.运用色彩的味道感增强食品广告的表现力

人们平常食用的食品，本身都有颜色。各种

图2—60　可口可乐广告

图2—61　佳洁士牙膏广告

食品的颜色长期作用于人们的视觉，使人们产生味觉的联想。如甜多用粉红、红、枯黄等颜色表现；酸多用带黄味的绿或有点绿味的黄表现；用灰褐色、橄榄绿、紫色表现苦；用鲜红色表现辣等。红、枯黄、柠檬黄是表现美味的色彩。色彩的味道感觉对于平面广告设计很有意义。通过表现不同味道色彩的运用，可以使食品广告产生更加诱人的魅力。

（三）广告色彩的注目性

从广告色彩的视觉效果规律来看，明色、纯色、暖色系统的颜色注目程度高，对读者视觉冲击力强。暗色、彩度低、冷色系统的颜色注目程度低，对读者的视觉冲击力弱。另外，注目程度大小还取决于色彩搭配的关系，即背景与图形颜色的搭配。例如，我们看到很多的户外广告，有的广告醒目易见，有的模糊不清。清晰可见的广告，其背景色和图形色的色彩差距很大，而不容易看清的广告，其背景色和图形色的差距都小。这种差别首先取决于明度对比，其次是色相对比。明度对比强烈且色相对比也强烈的色彩搭配，其注目程度最高。而明度对比强、色相对比弱，也同样具有较高的注目程度。如只有色相对比，而无明度对比，其注目程度便会大大降低。既无明度对比，也无色相对比，就将完全失去注目价值。

例如图2-61佳洁士牙膏广告，就是利用蓝色的色彩感情规律衬托产品清爽的特性。

第四节 ///// 广告设计的创意方法

创意是人类富有创造性思维的活动，创意的过程就是构思的过程。创意是广告设计的灵魂，没有创意的广告只是信息的罗列与堆积，是简单的告知。只有富有创意的广告才能在市场竞争中占有优势，广告设计有如下几种方法：

一、直接展示法

直接展示法是一种最常见的表现手法。将产品或主题直接如实地展示在广告版面上，充分运用摄影或绘画等技巧的写实表现能力。细致刻画和着力渲染产品的质感、形态和功能用途，将产品精美的质地引人入胜地呈现出来，给人以逼真的现实感，使消费者对所宣传的产品产生一种亲切感和信任感。

这种手法由于直接将产品推向消费者面前，所以要十分注意画面上产品的组合和展示角度，应着力突出产品的品牌和产品本身最容易打动人心的部位，运用色光和背景进行烘托，使产品置身于一个具有感染力的空间，这样才能增强广告画面的视觉冲击力。例如图2-62、图2-63轮胎广告就是用直接展示的方法将轮胎直接展示出来，画风硬朗，富有力量感，广告画面的视觉冲击力较强。

图2-62　轮胎广告1

图2-63　轮胎广告2

二、夸张法

借助想象，对广告作品中商品的特点、特性、功能、功效、品质等的某个方面进行相当明显的过分夸大，以加深或扩大受众对这些特征的认识。夸张是创作的基本原则。

夸张以现实生活为依据，用丰富的想象力

图2-64　面包广告

图2-65　低脂肉饼广告

对画面形象的典型特征加以强调和夸大，或改变物体间的比例，以体现广告的创意，使画面更新颖、奇特、富有变幻的情趣，从而达到吸引受众注意力的目的。夸张的表现形式包括整体夸张、局部夸张、透视夸张、适形夸张等。要注意整体关系，不能因局部的夸张而破坏画面的整体性。例如图2-64的面包广告，小女孩睡在面包上的形象是对面包松软香甜特点的夸张表现。

三、拟人法

通过想象、虚构、假设等思维方式，将所要表现的对象（如动物、植物、商品等）赋予人格。可采取漫画、摄影、绘画、电脑等表现形式，借助于人们日常生活中熟识的趣事、童话、神话故事或民间传说等素材来形成幽默诙谐的情趣画面。例如图2-65的低脂肉饼广告，就是将大饼干穿比基尼的图案拟人化，配合“什么时候减掉脂肪，什么时候适合这身比基尼”的广告语，用幽默的画面体现产品的特点。

四、幽默法

幽默法指广告作品中巧妙地再现喜剧性特征，抓住生活现象中局部性的东西，通过人们的性格、外貌和举止的某些可笑的特征表现出来。

幽默的表现手法，往往运用饶有风趣的情节，巧妙地安排，把某种需要肯定的事物，无限延伸到漫画的程度。幽默的矛盾冲突可以达到出乎意料之外，又在情理之中的艺术效果，引起观赏者会心的微笑，以别具一格的方式，发挥艺术感染力的作用。例如图2-66的丝袜广告，绑匪套上丝袜后看不到眼前物体，用幽默搞笑的手法体现丝袜不透光的特性。

五、对比法

这是一种趋向于对立冲突的艺术美中的最突出的表现手法，它把性质不同的要素放在一起相互比较，给视觉造成的感觉即为对比。对比的事物很多，如色彩、方向、形状、大小、数量、新旧、质感、情绪、气氛等，还可以将产品的功效、品质、造型特点等进行自身的比较，或使用效果对比的方法，可使产品的优点突出。在广告创意设计中对比的最终目的是强调重点，突出特点并形成趣味中心，由对比引发的刺激性，能加深受众对产品信息的记忆。

图2-66　丝袜广告

六、象征法

象征不进行直接表现，它注重“意象”表达，注重自然中的人文内容以及与人有关的象征，通过艺术化了的视觉形象来传达某种特定的意念，它们之间没有必然的关联性，只存在外在特征的某些类似联系。其视觉形象可以是物形，可以是符号，也可以是色彩。总之，为了表达一种意念，其视觉形象可以是抽象的，也可以是具象的。如长城象征中国、金字塔象征埃及等。

七、反常法

反常就是指有意违反常规，使之不合情理，以致引起受众的惊奇和注意，给受众以深刻的印象，从而达到广告传播的目的。在广告设计中，表现变异、怪诞、互悖、矛盾等的图形，都属于以反常手法吸引受众的实例。

八、图解法

当广告需要突出地宣传商品的内部结构、产品功能、主要成分、使用方法或其他相关知识的时候，往往要采用图解式的表达手法。它节省了文字的解释，而且有时比文字更加直观、准确而易懂。这是一种很通俗、有趣的表现手法，但在画面布局和效果的处理上，切记不能失去画面的生动性和艺术性，否则广告将因缺乏吸引力，而影响广告的传播效果。

第五节 ///// 广告的编排设计

好的广告设计编排应当是坚持了内容与形式的统一、整体与局部的统一、内容与艺术的统一、继承与创新的统一的设计。广告编排的方法、形式等可以遵循一定的规律。

一、广告设计的视觉排版原理

人的视觉有一定的视觉习惯，在做广告设计图文编排的时候，可以利用这些视觉习惯区分重点，增加画面层次感。

（一）根据视觉心理进行版式编排

视觉主体的最佳位置：一般情况下，人们注意广告版面的时候，视觉习惯总有首先注意的地方。心理学家葛斯达认为，版面的上部比下部注目价值高，左侧比右侧注目价值高。因此，广告版面的左上方是最吸引人注意的位置，是广告重点内容安排的地方。另外，版面视觉中心也是画面最受关注的焦点，由于人们眼睛的错觉，感受到的视觉中心一般在画面上下等分的位置偏上，即略高于对角线交叉点。根据这个原理，当安排图形在画面中心位置时应稍微偏上，使视觉上产生平衡感。

（二）根据画面的视觉流程进行版式编排

根据人们的阅读和书写习惯加“顺时”心理，在注意版面时，一般视线总是从左上角向右下角，再至左下角成反C字形移动轨迹。另外，相同基本形由大到小排列时，视觉会由大到小流动。根据以上特点，合理安排广告要素，使画面形成视觉导向，有利于视觉传达，实现有计划的信息传播目的。例如图2-67的汽车广告就是按照反C字形进行版式编排的。

二、广告编排设计的基本原则

在广告编排设计时要遵循一定的原则，因为构成版面的信息元素不仅仅具有功能上的表述作用，同时，它们也是构成优美画面的视觉要素，它们相辅相成的构合，遵循一定的原则，传递出相应的信息概念。

图2-67　汽车广告

图2-68　伏特加酒广告

（一）平衡

在画面中，平衡是由图形的形状、数量、大小、轻重、色彩及字体的分布作用于视觉而产生的，常以中心点、中心轴保持形与量的平衡关系，同时关联到形象的动势和重心等因素。一般情况下，广告画面是由多种视觉要素构成的，版面编排必须注意各个要素之间合理搭配，使视觉上具有平衡感，保证画面舒服。

1.对称平衡

对称平衡是将构成画面的图形与文字等要素均匀地分配在画面垂直中心轴的左右两侧，或水平中心轴的上下方。对称平衡给人以安全、稳定、庄重、高贵、典雅之感，但运用不好会感到单调乏味，要注意针对性。适用于工艺品、名烟、名酒、政治类广告等。例如图2—68的伏特加酒广告就是采用对称平衡排版方法，给人高贵、高品质的感觉。

2.非对称平衡

非对称平衡又叫均衡，是一种有变平衡。它运用等量不粗细、色彩、疏密等处理画面的平衡关系。如大面积、高密度、重色彩、形状规则的形态感觉重，相反感觉轻。移动分量较重的形象靠近视觉中心，或在较轻的一边加重分量，也是调节画面平衡感的有效方法。非对称平衡新颖、活泼富有动感，在各类广告版式编排中应用广泛。例如图2—69染发剂广告就是非对称平衡方式构图，大胆将图形充满整个画面，飘动的金发和潇洒的手写字体显示出非凡的品质与自信。

（二）对比

对比就是强调事物之间的差异性，对比是变化的基础，有了对比，画面才会生动活泼、主次分明。在广告版式编排中有效地利用任何一种差异，通过构成要素之间形状、大小、方向、明暗、空间、聚散、点线面、静动、虚实及情感方面的对比，把读者的注意力吸引到广告的主体部分上来，提高广告的注目效果。

1.形状对比

视觉形态主要分曲线形、直线形两大类。直线形有刚直、安静的特点；曲线形有优美、运动的意向。在广告画面中过多的直线显出呆板停滞；过多的曲线会产生不安定的感觉。将直线形与曲线形进行适当对比运用，会产生强烈的情感和深刻的印象。

2.大小对比

广告构成要素在画面所占面积大小、线的长短所形成的对比。大小对比是相对而言的。各要素之间差距小，给人感觉沉稳平淡；差距大，给人的感觉则鲜明、强烈、有力。因此，在设计中将主体图形或文字放大，与一些小的部分形成对照，使画面重点一目了然，并产生奇妙的视觉效果。

3.方向对比

凡带有方向的形象都必须注意方向的对比。

图2-69　染发剂广告

在对比过程中应按照一定的韵律有节奏地变换方向（渐变），或将统一方向中的个别元素方向突变形成变异效果。在广告编排过程中最常见的是垂直与水平方向的对比，垂直线冷静、鲜明，有上下运动感；水平线沉着、理智，有稳定感。编排时应以一种方向为主并进行适当对比，使画面紧凑而协调。

4.明暗对比

无论绘画还是平面设计，都必须有明暗关系的对比，即保证画面有“黑白灰”层次，并且“黑白灰”能按视觉美感合理分布在画面中。这样才能感到作品的色调丰富、节奏明快。另外，明暗对比是处理好画面空间关系的主要方法。需要突出的部分应加强与背景之间的明度对比；不需要突出的部分应减弱与背景之间的明度对比。如果相邻色块对比过强，而且过于分散，便会出现画面繁杂乱花的感觉，如果灰色太多块，则会感到对比太弱，作品平淡无力。

5.空间对比

空间对比指画面中主体与背景、远近及前后关系不同所产生的对比。在中国画论中关于构图有“密不透风，疏可跑马”“计白当黑”之说，生动形象地阐明了空间对比的重要性。在广告画面中，空白的安排是非常重要的：一方面，空白能增强画面的深度感，使重点更加突出，起到强调及引起注意的作用，产生格调高雅的意境；另一方面，空白又是调节视觉缓冲的主要手段。如果忽视了空白，主次不分，将画面铺得满满的、平平的，将会产生拥挤堵塞、杂乱无章，使人喘不过气来的感觉。

6.聚散对比

聚散对比即密集的基本形与松散的基本形之间的对比，是画面产生空间感的主要方法。在画面布局上安排基本形的聚散主要有两种形式：一种是以点为中心的密集，密集点多在版面左上方，图形与文字在组织排列上趋向于这个密集点，愈接近密集点则愈密，愈远离密集点则愈散。另一种是以线为中心的密集，画面中有一条意向中的线，分直线或曲线，图形与文字向此线密集，在线的位置上密集最大。密集点或密集线常常成为整个设计的视觉焦点，在画面中造成一种视觉上的张力。

7.静动对比

静与动的对比亦是相对而言的，一般来说，我们把不规则的形态称为“动”，把平直的形态称为“静”。在广告画面中，静动对比主要由特异变化而形成，在相同基本形（图形或文字）并置排列时，有意将个别部位夸大、缩小、变位、移动等处理，产生“静中有动”的感觉；在以动为主的画面中放置静态的文字或图形，就会产生“动中有静”的感觉。静动对比在店头广告设计中应用最多，通过印刷字体与书法字体数量悬殊的搭配，形成以一种字体为主的总体风格。

8.虚实对比

虚实对比是绘画的基本语言，是处理画面空间层次的有效方法。广告版式编排中，将次要的图形或文字形变模糊，把主体图形或文字衬托出来，有效地提高了广告阅读性。

例如图2–70的耐克球衣广告，就是将球衣的图案和文字组成的身体作虚实对比，以突出球衣的美观、大气的特点。图2–71的创可贴广告将绿巨人粗壮的胳膊和小小创可贴做大小对比，反而使小创可贴成为画面重点，一目了然，并产生奇妙的视觉效果。

图2–70　耐克球衣广告

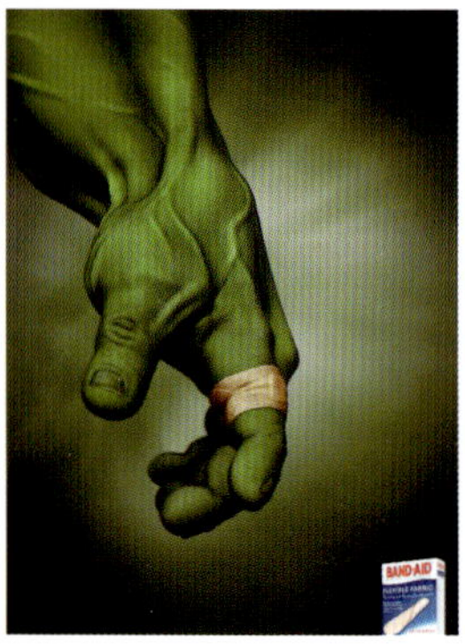
图2–71　创可贴广告

（三）节奏

节奏与韵律源于音乐术语。在广告编排中，节奏指以同一要素（图形、文字或商标等）按照一定的条理秩序重复、连续排列产生出运动感；在节奏的基础上趋于线性的起伏、流畅与和谐，使画面更加优美、生动、富于变化，形成韵律美。有韵律的构成具有积极的生气，加强了魅力的能量。节奏与韵律的形式特点是连续、交替、渐变、起伏、自然的，对广告编排有很高的审美指导，在广告设计中运用节奏与韵律，体现出一种形式美感，使作品产生了时代气息和特定的情调，增强了艺术感染力，牵动人们的感情随着画面的“音乐”一起走向广告主题。

（四）呼应

呼应是一种力的关系，是产生动态和支配动态的关系。为了保持广告内容和视觉上的前后连贯一致，版式编排应考虑形状、色彩、文字、明度、情感等方面的前后呼应关系，但要注意两者之间的比例变化。

三、广告编排设计的基本形式

广告设计的版面编排要有效地利用版面空间，引导消费者的视线，提高自身价值，并且给受众带来不同的心理感受。广告设计的版面编排要有效地利用受众能看见的版面空间，解决图形、文字混合编排的问题，并引导消费者的视线，提高版面自身的价值。

（一）全版式编排设计

全版式以一张图片占据整个画面，文字、标志、图形等在图片上安排，或直接在底色上编排图形（包括退底图片）。全版式编排浑然一体，就像一幅画作呈现在观众面前，带给人走进画面的感觉，有较好的亲和力。公益广告使用最多。全版式排版有以下常见形式：

1.直立式

图形直立于画面中心位置，并占据较大空间，文字附设在图形的周围。该版式有较强的安定感和肃穆感，并显示出一定的霸气。适合于竖式版面，名酒或服装等广告版式设计使用较多。

2.水平式

图形设置与画面呈上下平行状态，文字安排在图形上方或下方。该版式有较好的稳定感，适合于交通、旅游等广告。

3.倾斜式

将主体图形倾斜在画面中间，其他位置相应安排文字。由于人们的右手活动习惯，图形倾斜方向一般为左低右高，感觉上较为舒服。这样，版式既有强烈的动感又能产生视觉平衡。该版式活泼自然，适合体育、摄影、化妆品、通信等广告。例如图2–72酒水广告采用的就是倾斜式排版形式，既有动感，在视觉上也较为舒适。

图2–72　酒水广告

4.交叉式

图形与广告标题呈交叉状（一般是文字叠置于图形之上），有垂直交叉和倾斜交叉，二者相得益彰成为一体。注意字体的大小和交叉位置的选择，避免相互冲突，保证图形视觉上的完整性和文字内容的识别性。

5.散点式

将多个图形分散摆放在画面中，形成松散、

自由的视觉效果。表面上有一定的随意性，实际上图形之间的大小、位置、疏密、强弱等方面都需要精心策划，使图形之间构成一个有机的整体。散点式编排应做到变而不乱，形散神聚，力求完整统一。多用于大型综合类广告宣传。散点式的图形编排并不是随便的堆积，而是作者精心策划的结果。轻松的画面效果建立在“变化统一”的基础上。

6.网底式

全版用四方连续纹样把主体图形衬托出来，增加画面的空间感和层次感。单元图形可以是商标也可以是标准字体或其他，但要注意减弱纹样与底色的对比，拉开纹样与主体图形之间的距离。把商标排列成网底图案，不仅烘托了主体，并且与服装上的商标产生呼应，同时使画面产生了音乐节奏感。

7.上下式

常见于竖幅广告。一种是将主体图形安排在画面上半部，显得格外突出，文字等要素放置在图形下方，版式符合一般的视觉习惯，又称标准式。该版式有较好的稳定感，视线会由上而下流动，讲究秩序，先以图形引起人们的兴趣，接着利用标题诱导读者的注意力直到了解全部。但因该版式过于常见，因而缺少个性。另一种是将主体图形放置在画面下方，文字紧跟图形或放在画面最上端。画面开阔而稳定，给人以“一览众山小”的畅快感。适合文物展览、旅游等广告。

8.左(右)式

在横幅广告中，图形一般放置在版面的左边或右边，另一边相应安排文字与其他要素。主要用于店头广告和户外招牌。

9.两端式

将图形放置在版面上下或左右两端，一般是一大一小，前后呼应，视线在画面左右或上下流动，有较好的稳定性。适用于大型广告招牌设计。

10.包围式

图形放在画面四周将文字围在中心。因限定了空间，有强调和保护作用，同时产生一定的装饰性。与中心式的感觉相同，适合于首饰、食品等广告。

11.角图式

将图形放置在画面一角，在对角处安排文字或小图形彼此呼应。该版式灵活自然，较为常用。

12.切入式

有意将图形从某个角度切入画面，部分图形留在画面以外。切入图形一般选择典型部位，占据画面较大空间，画面空白处安排其他要素，通常有另一个或几个静态（较小）的完整图形在画面中与切入图形产生呼应关系，并形成静动对比效果。切入式的编排使画面产生较强的动感并具有视觉稳定性。适应于体育、食品、汽车、儿童服装等广告。

13.突破式

将个别图形或文字有意突破广告篇幅限制，冲出画面，以形成强烈的视觉效应。另外，在广告图形设计中也常见“突破”手法的运用，比如图形中个别元素从原来位置上“跳”出来，以产生奇特的视觉效果。

14.指引式

在广告版式编排中，将图形排列成指引性符号和透视线，或用手指等将读者的注意力引向广告主体内容。指引式编排有明显的视觉诱导性，有助于读者瞬间领会广告信息的要点。图2-73的鳄鱼服饰广告，把商标排列成网底图案，不仅烘托了主体，并且与服装上的商标产生

图2—73　鳄鱼服饰广告

图2-74　番茄罐头广告

呼应，同时使画面产生了节奏感。图2-74的番茄罐头广告硕大的番茄超出了版面以外，番茄酱的质量可想而知。

（二）分割式编排设计

分割式在广告编排的过程中，先把整个版面划分成几个部分，然后分别安排构成要素的方法。

1.上下分割式

将版面横直分成上下两个部分，一部分配置图片，另一部分安排文字，该版式有较强的稳定感，略显呆板。图片选择要尽量生动活泼，注意文字排列和分割比例的变化。上下分割适合竖幅广告。版式编排过程中，图片可以出血也可以适当留出空白；标题可以写在空白处也可以写在图片上或跨越上下两部分；另外，图片上还可以插入商品图形，配合文字传达信息，图形可以与正文放在一起，也可以交叉于图片和文字之间；有时，还可以将图片中的局部嵌入下方，以求变化。

2.左右分割式

同上下分割式相反，将版面垂直分成左右两部分。图片作为广告视觉主体时一般安排在版面左侧，占据主要空间；标题作为广告视觉重点时，图片多放置在版面右侧占据较小比例。很少情况下版面左右平均分割。左右分割如果两侧明暗上对比强烈，效果更加鲜明。适合横幅广告。

3.“十”字分割式

将版面以十字形分割成相等或不等的四个部分，分别安排文字、图形与标志等内容。

4.平行分割式

将版面平行分割成若干个单元，一种是将版面分左中右（川字式）或上中下三部分，图片可以放置中间，也可以放在上下或左右两侧，图片可以作为视觉主体，也可以作为陪衬文字的装饰图案。另一种是横向或纵向将整个画面平行分割成三个以上若干单元，包括等距离分割、自然分割和渐变分割，分别配置相应的文字与图形，注意各部分之间的关联性，使画面更具节奏感。平行分割式适合超常比例的版面设计，视觉效果如同折页宣传册，亲切自然。适合于车体广告、墙体广告等。

5.斜向分割式

将版面倾斜分割成左右或上下两部分（有时对角割），一部分是图片或底色，另一部分是空白，然后分别安排标题、图形、正文、标志等要素。斜向分割式编排具有动感，比上下分割式更加活泼。适应于汽车、电器等广告。

6.窗式分割式

用垂直线和水平线将画面分割成若干部分，然后分别填充图形，方格允许有适当的大小变化，但必须注意相互之间的协调性。窗式编排适合多图片（图形）时使用。

7.曲线分割式

用曲线把版面分割成两个以上部分，然后分别安排图形和文字等。曲线分割有几何曲线与自由直线，其中几何曲线有圆形分割、S形分割、扇形分割等不同，版式给人一种优美运动感，主要表现化妆品、家电、健身用品等。自由曲线分割（包括撕裂）自然、灵活、亲切，主要用于现代生活类，如服装等广告。

8.自由分割式

用自由的线条将画面分割成若干个单元的形式。注意分割画面的大小、形状、色彩及明暗变化。有时用图形或文字将画面分割成左右两部分再填充不同色彩，彰显个性。

第六节 ///// 广告的文字编排设计

文字编排是技术与艺术的结合体，是整个平面广告设计的重要环节，也是视觉传达的重要手段。由于文字的笔画不一，形态也各不相同，要把多变的形态安排得协调、美观，并使版面达到均衡、统一并不是一件容易的事。在字体的选用和编排形式上都要做到符合广告内容，更好地为广告所要表达的主题服务。

一、字体的运用

随着现代计算机技术的发展，汉字字体的变化趋于多样化，除较常用的黑体、宋体外，还有准圆、书宋、空心、立体、琥珀、行草等。虽然可供选择的字体很多，但在同一版面上，使用几种字体尚需精心设计和考虑。一般来讲，同一版面上使用的字体种类越少，越容易设计，也最易流于一般。字体用得少、用得恰到好处，往往会形成高雅的格调。字体种类用得多，会给人热闹、快乐、活泼的印象。例如图2－75的耐克运动鞋广告，利用卡通立体字体营造整个画面轻松、幽默、活泼的氛围，字体成功烘托了主题。

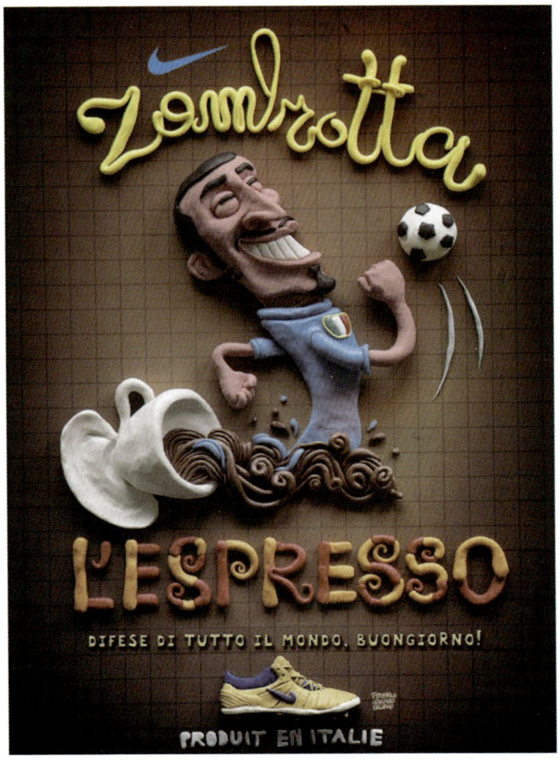

图2－75　耐克运动鞋广告

图2－76　棒棒糖广告

二、文字的编排设计方式

（一）左右均齐的编排

每行字数相同，头尾相齐，工工整整形成一个面。在版面设计时，应作为一个灰调子的造型因素同其他因素一起考虑，才能达到整体的效果。文字较少时则可把它作为一条线来处理。

（二）齐左的编排

由于英文的语言特点，一个单词不能将字母断开，所以很适合齐左的编排。此种编排较之齐头齐尾的编排更加活泼，富有现代气息。中文在用此法编排时，通常以一个完整的句子或段落作为分区。

（三）中间对位

这种文字编排，左右对称，两侧形成不规则形状，产生一种特殊的韵味。此种编排适合于文字较少的设计。事先应计算好每一行的字数，以便确定开头位置。

（四）立文编排

由于立文阅读起来十分不便，所以国内除报刊杂志还少量使用竖文排版外，已很少应用。但港台的出版物还始终沿用。立文编排给人以典雅、古朴的印象。

（五）文字图形的编排

此种编排的先决条件是图片物景要挖空去背景，或将图片剪成特定形状，以便文字沿着不规则外轮廓互相嵌合在一起。此种编排方式给人以自由、活泼、轻巧的感觉。设计时要事先算好字数，并按图形需要决定每行字数和文字排列的起点、终点。例如2—76的棒棒糖广告，将字体编排成棒棒糖形状，新奇、有趣，符合广告轻松的氛围。

课后习题1

披萨星球广告设计。

课题诠释

此课题为第八届大学生广告节设计命题。披萨星球是个创新餐饮品牌，品牌想推广的主题是免费、好吃、有趣，广告语可自定。广告目的是提升披萨星球在年轻消费群体中的知名度，突显“有爱、有趣、利他”的品牌文化及个性；强化披萨星球“好玩、好吃、免费”的新奇形象，让年轻人觉得去披萨星球就餐、聚会是一件很酷、很有意思的事情。

作业目的

学生通过制作广告达到将所学理论用于实践的目的。

作业要求

1.注意广告要素的运用。
2.使用所学的创意方法。
3.经营好广告的编排设计。

作业点评

本次作业学生在广告设计制作方面有所突破。从色彩的选用、图形的运用、创意表现方面都有所突破。大部分作业构图新颖、版式大气、主题突出，色彩运用突出主题。广告创意新颖，达到命题要求。

图2—77　第八届大广赛《披萨星球》命题海报设计　作者/李慧研
指导教师/田怡

作业说明：李慧研同学的第八届大广赛命题《披萨星球》海报设计，整体风格清新自然，用水彩感将命题要素表达出来。版式设计唯美，主体突出、完整。

图2–78　第八届大广赛《披萨星球》命题海报设计　作者/李思宇
指导教师/田怡

作业说明：李思宇同学的《披萨星球》海报设计用大色块创造出的几何形态，集合出海报的整体。给人以大气、简洁、时尚的感觉。同时着重考虑图形运用的大小、面积，在版式设计上达到视觉效果的平衡。整体给人以现代感。

图2–79　第八届大广赛《披萨星球》命题海报设计　作者/安君怡
指导教师/田怡

作业说明：安君怡同学的《披萨星球》海报设计，运用了网络素材。将设计要素巧妙地组成曲线，使这个海报充满生气和趣味感。同时将文字、图片、Logo等排版要素的大小关系协调得当，整个版式设计给人以完整、舒适的视觉感觉。

图2–80　第八届大广赛《披萨星球》命题海报设计　作者/朱晓艺
指导教师/田怡

作业说明：朱晓艺同学的《披萨星球》命题海报设计的创意出发点有趣、生动，用简单的五子棋盘指代命题中要求的此餐饮企业的特色——轻松、有趣。因此，此海报的创意点是此作品的闪光之处。

图2–81　第八届大广赛《披萨星球》命题海报设计　作者/陈涵
指导教师/田怡

作业说明：在陈涵同学的《披萨星球》海报设计中，用披萨替换外星人的头部，使图像充满趣味感和新奇感。整体海报的风格以平面手绘方式为主，风格统一、大气，给人以现代感。

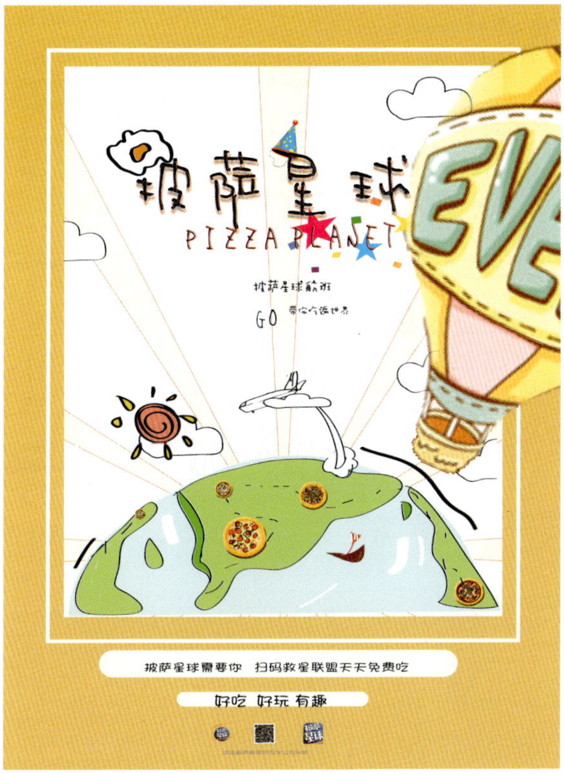

图2—82 第八届大广赛《披萨星球》命题海报设计 作者/王雪 指导教师/田怡

图2—83 第八届大广赛《披萨星球》命题海报设计 作者/王雪 指导教师/田怡

作业说明：王雪同学的《披萨星球》海报设计整体采用手绘风格，视觉感清新、活泼，很好地迎合主题。同时在图案和文字的设计上充满趣味性。版式构成元素多而不乱，很好地把握了主次和层次关系。

课后习题2

再生——中国传统元素国际设计大赛。

课题诠释

此课题为再生中国传统元素国际设计大赛命题。再——对接传承，生——发展未来。中国传统文化是由悠久文明演化而汇聚成的具有独特民族风貌的文化，它是人类智慧代代相传不断完善的结晶，随着时代和经济的发展，在设计行业中传统元素为中国设计师提供了更多的创意和启发。传统文化与传统元素的运用不只是再现传统，更多的是对传统元素的继承与创新过程。在当代设计中，如何利用这一特性，将现代设计语言与传统文化充分结合是设计师们的使命。

作业目的

学生通过制作海报达到将中国传统元素文化内涵与当代设计的融合，以创造新的体验，发现新的兼职，弘扬民族特色文化为创作的最终目的。

作业要求

1.注意传统民族要素的运用。
2.使用所学的创意方法。
3.经营好海报的编排设计。

作业点评

本次学生参赛作品在海报设计制作方面有所突破，整体水平较高。从色彩的选用、图形的运用、创意表现方面都有所突破。大部分海报构图新颖、版式大气、主题突出，充分体现了中国传统元素运用在现代设计中的重要作用，达到参赛命题要求。

图2-84 《再生——中国传统元素国际设计大赛》参赛海报
作者/姜维维 指导教师/张子健

作业说明：姜维维同学为《再生——中国传统元素设计大赛》设计的参赛海报，将中国传统的书法元素和现代海报设计相融合，产生一种不同的视觉效果，可谓是中国传统视觉元素的再生。整体风格大气磅礴，将民族、国际的气势很好地发挥出来。

图2-85 《再生——中国传统元素国际设计大赛》参赛海报
作者/刘晚秋 指导教师/张子健

作业说明：刘晚秋同学设计的中国传统元素设计海报，将由中国传统的"龙"图案构成的"生"字融入到由书法字体构成的"再"字当中，可谓是将图案和书法两种中国传统元素融合到一起，产生一种全新的再生视觉感。在龙图案中，采用平面矢量图形的处理方式，给人以现代、大气的感觉。

图2-86 《再生——中国传统元素国际设计大赛》参赛海报 作者/刘超杰 指导教师/张子健

图2-87 《再生——中国传统元素国际设计大赛》参赛海报 作者/刘超杰 指导教师/张子健

图2-88 《再生——中国传统元素国际设计大赛》参赛海报 作者/刘超杰 指导教师/张子健

作业说明：刘超杰同学的海报设计，将中国汉字"礼""孝""信"字的部首用中国传统图案表现，不仅从视觉上体现中国传统元素，也在这三个字的含意上强调了中国传统文化。可谓是精彩创意和惊艳视觉效果相结合，体现再生的设计主题和思想。

课后习题3

“旅顺吼”和平回声设计展。

课题诠释

该展览以近代旅顺为基点，以“吼”字为创作素材，展示设计师们对反战的理解和对和平的呼唤。吼，代表着觉醒、传播、奋起，他们希望用一个“吼”字来传递历史的悲歌、和平的笛鸣、反战的警钟。

作业目的

锻炼学生的发散思维，在设计字体“吼”的同时，将其作为主要元素运用到海报中。

作业要求

1.注意“吼”字要素的运用，需要有设计感和时代性。

2.使用所学的创意方法。

3.经营好海报的编排设计。

作业点评

学生参赛作品在海报设计制作方面有所突破，通过各种形式对“吼”字进行设计。字体设计体现历史感，同时兼具时代性，符合主题。在海报整体设计方面注重版式的设计，新颖、大气。

图2-89 《旅顺吼》参赛海报
作者/李静雯 指导教师/张子健

作业说明：李静雯同学设计的《旅顺吼》以“吼”字为基础，巧妙地将文字和图案相结合。使整体设计符合设计要求的同时，用图形信息传达主题，高效、简洁、大气、现代。是一种有效的广告创意方法。

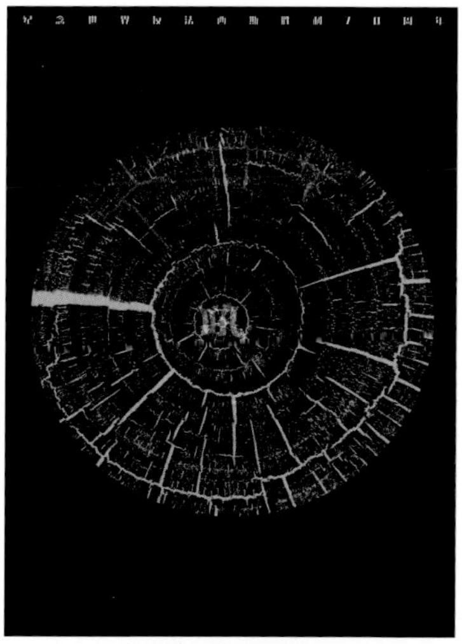

图2-90 《旅顺吼》参赛海报
作者/刘超杰 指导教师/张子健

作业说明：刘超杰同学的《旅顺吼》海报，通过深沉的色调和图像有效地表达了海报设计的主题。

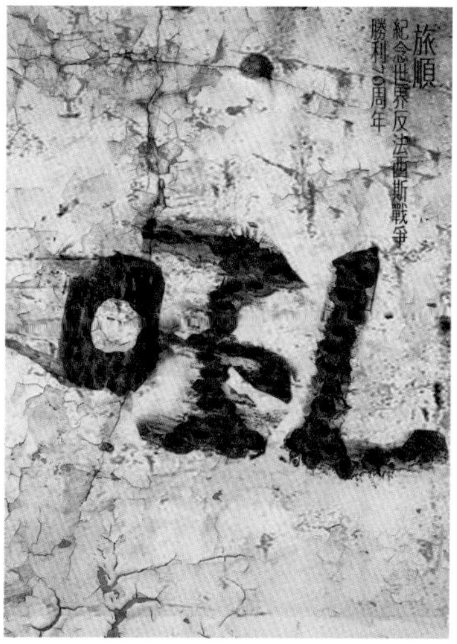

图2-91 《旅顺吼》参赛海报
作者/刘晚秋 指导教师/张子健

作业说明：刘晚秋同学的《旅顺吼》海报设计，将图案和文字有机融合，形成一种历史厚重的感觉。

学生作品欣赏

图2-92 《食安大连+》大连创建食品安全城海报设计
作者/刘晚秋 指导教师/张子健

图2-93 《食安大连-》大连创建食品安全城海报设计
作者/刘晚秋 指导教师/张子健

图2-94 《食安大连×》大连创建食品安全城海报设计
作者/刘晚秋 指导教师/张子健

图2-95 《食安大连÷》大连创建食品安全城海报设计
作者/刘晚秋 指导教师/张子健

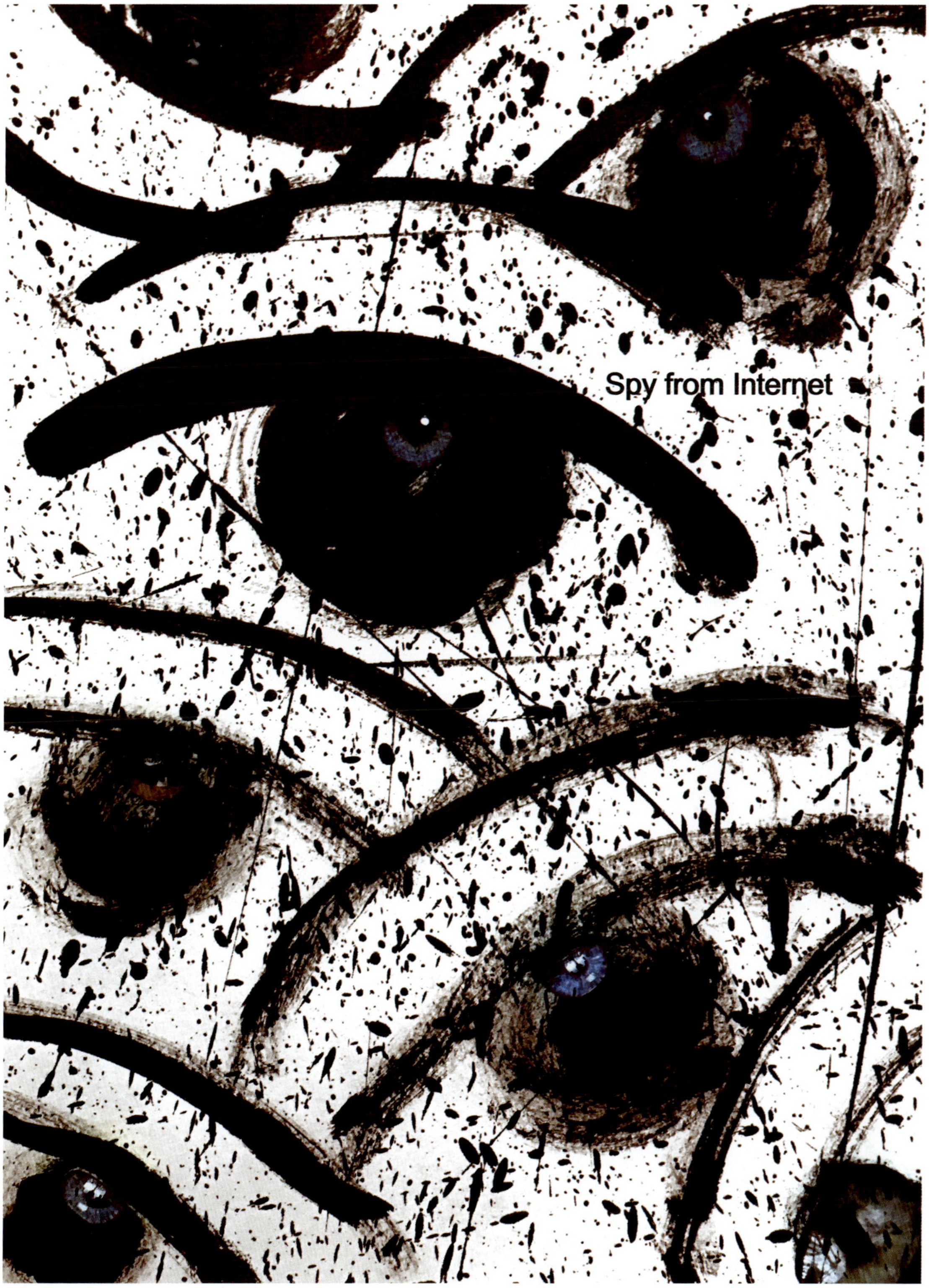

图2—96　2016ADCK亚洲Young Design邀请展参展海报　作者/姜维维　指导教师/张子健

作品解析

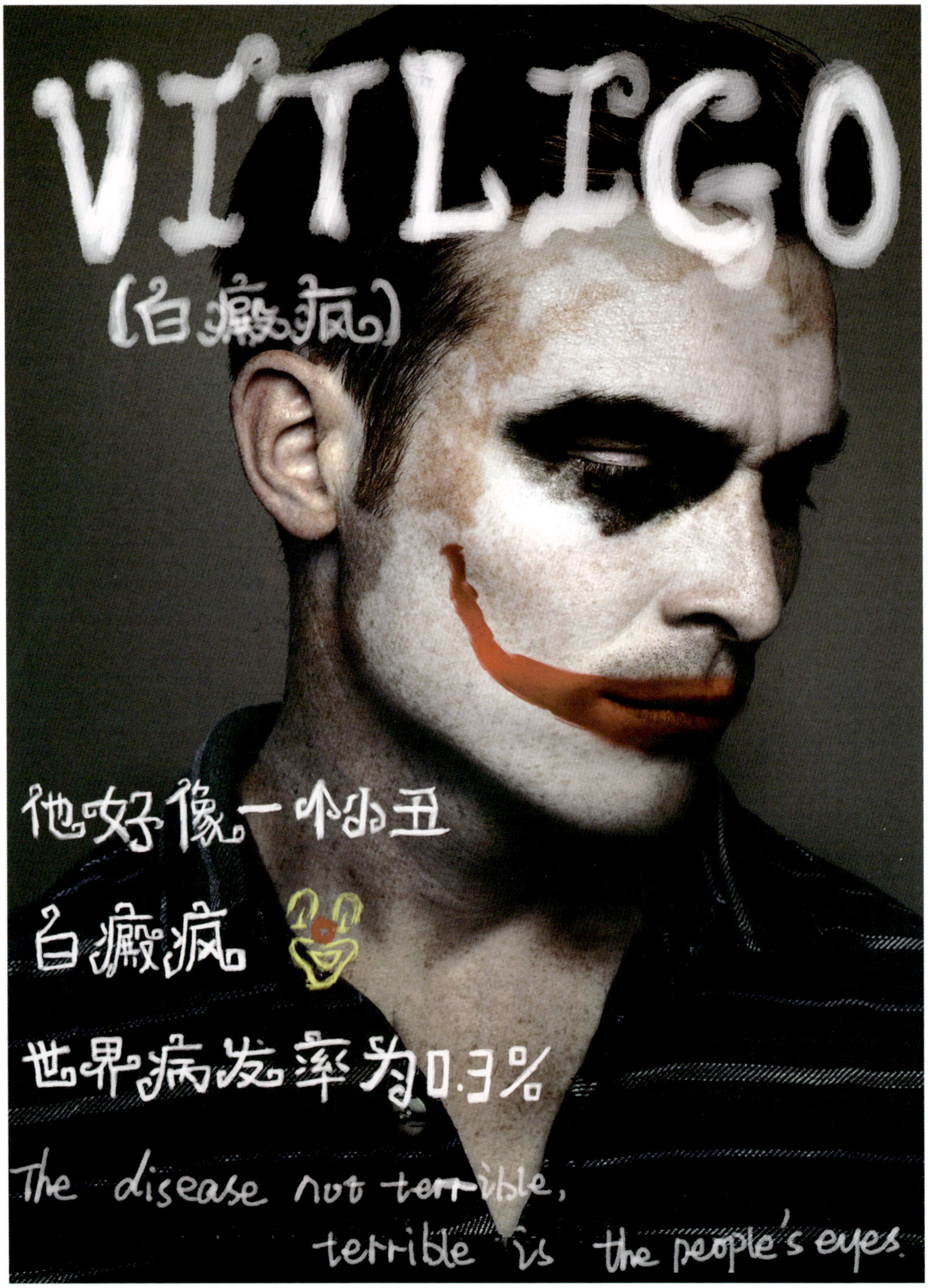

图2—97　第24届时报金犊奖平面类优秀奖　作者/刘晚秋　指导教师/张子健

图2–98 “食色”主题海报设计 作者/姜维维 指导教师/张子健

图2-99 “食色”主题海报设计 作者/刘晚秋 指导教师/张子健

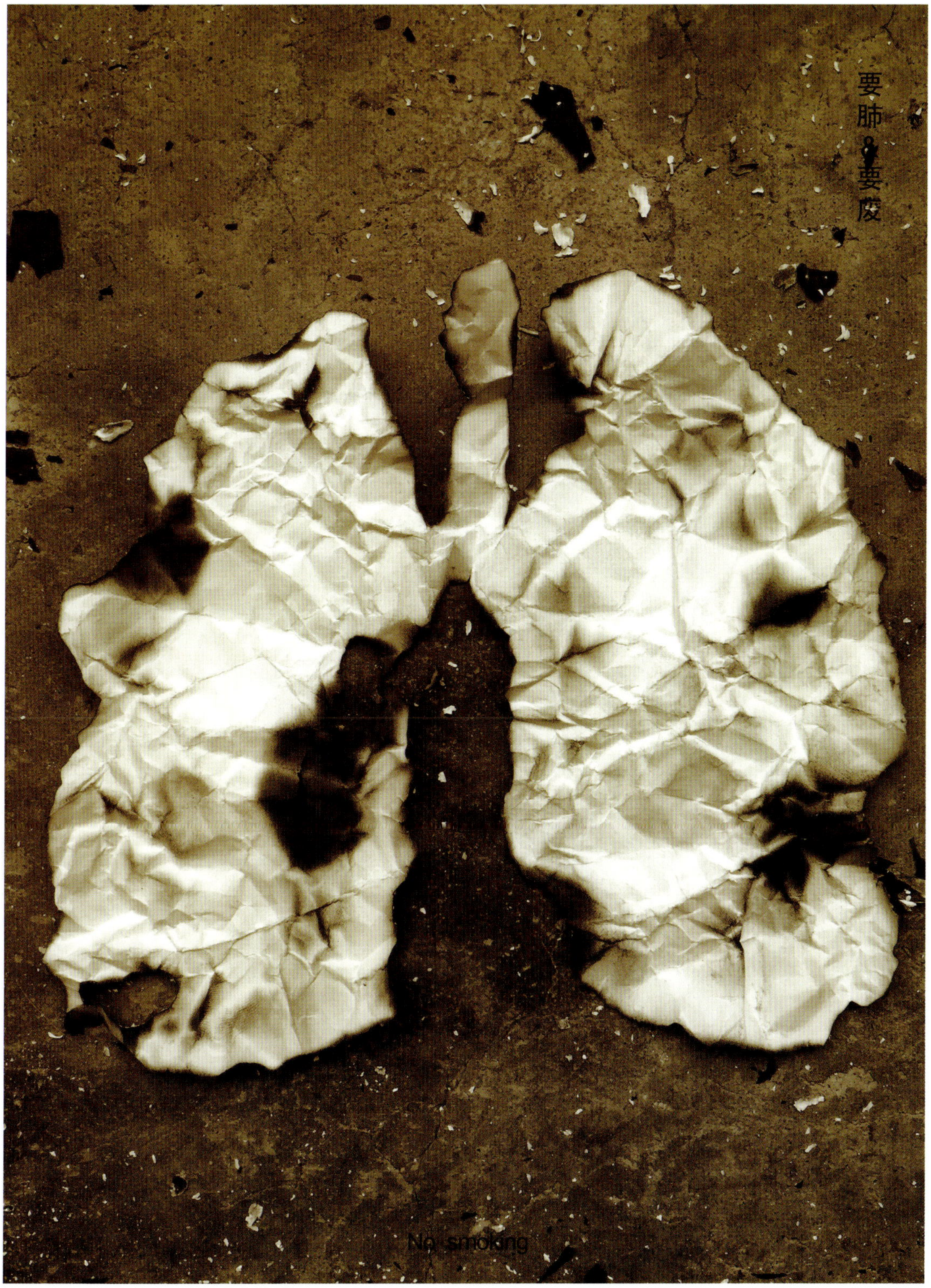

图2—100　《要废》健康主题海报设计　作者/姜维维　指导教师/张子健

图2-101 《肝悲》健康主题海报设计
作者/姜维维 指导教师/张子健

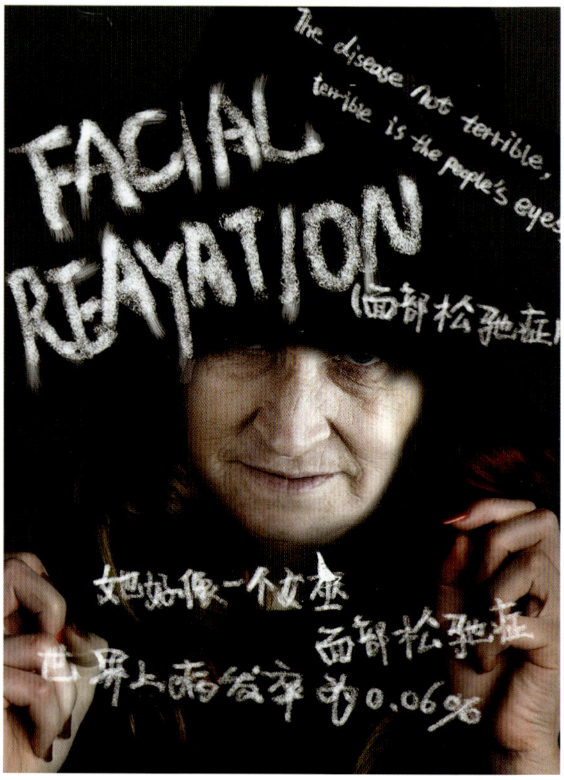

图2-102 第24届时报金犊奖平面类优秀奖
作者/刘晚秋 指导教师/张子健

第二章 广告传播

本章重点 >>

掌握广告传播的知识结构。

学习目标 >>

与实践结合；与社会实践接轨。

学习目标 >>

16学时。

第三章　广告传播

本章内容是理论与实践相结合的阶段，学生除了要掌握市场调研的基本方法以及广告传播设计活动的基本流程外，还要模拟实际情况做出自己的策划案。在后面的作业中，整个流程是需要根据同学们模拟的具体项目要求来制定的。根据自己模拟选定的项目进行广告策划和传播设计。

1869年，美国费城成立了现代意义上的广告代理公司——艾尔父子广告公司。20世纪60年代英国广告专家斯坦利·波利特在广告领域率先提出了广告策划的概念。当今我们所指的广告策划，是指广告人通过周密的市场调查和系统的分析，利用已经掌握的知识、情报和手段，合理而有效地开展广告活动的进程。

广告设计的本质和最终目的在于彰显企业的独特形象、提升市场竞争力、促成商业利益和社会效益的最大化，可以用6M来概括：

1.Market市场：对广告目标市场的选择及其特征的把握

2.Message信息：确定要传达的正确信息

3.Media媒体：选择什么样的媒体将广告信息传播给目标受众

4.Motion活动：使广告发生效果的相关行销、促销活动

5.Measurement评估：对广告效果的检测，事前、事中和事后的各种评估

6.Money费用：广告需要投入的经费、预算

对于视觉传达专业里的“广告策划方向”的学生而言，在调查方法、问卷设计、现场执行、数据处理和报告撰写五个环节中，重点要掌握广告调查的基本原理、了解广告调查的程序和步骤、掌握广告调查种类和问卷调查设计方法，对市场调查数据的采集、整理和分析，获得有价值的市场信息。教学过程中，为学生提供一些与课题类似的调查问卷作为参考，有助于提高学生的问卷设计的准确性和可行性。

第一节 ///// 广告调查

一、广告调查的意义

所谓广告调查是指围绕广告活动，采用科学的调查方式和方法，按照一定的程序和步骤，有计划、有目的、有系统地搜集、分析与广告活动有关的消费者信息、企业与产品信息、传播媒体信息以及广告效果信息的活动。

广告调查不完全等同于市场调查，它与市场调查既有联系又有区别。市场调查是企业制定经营战略，为进行市场预测和经营决策而开展的调查活动，包括市场分析、产品调查、销售调查、消费者调查等诸多方面，而广告调查只是其中的一部分内容。

广告调查是围绕广告活动而组织开展的对相关要素的调查研究活动。它具有市场调查的一般特点，如要求调查的主体明确、方法科学、过程连续、内容系统、结果反馈等。但广告调查也有其自身的特殊性，如资料来源特殊、技术复杂、覆盖面广、效益直接等。广告调查是市场调查的典型化和纵深化。企业在实际操作时，既要充分利用市场调查已获得的信息资料，吸收市场调查已经取得的成果，又要在此基础上为寻求广告机会延续和深入开展广告调查。

广告调查是将调查方法和技术运用于广告领

域的成果。早期的广告调查就是为指导广告活动而展开的市场调查，后来才逐渐结合广告活动的特殊要求而发展出更为丰富的调查内容。在调查项目及指标的设定上，也日趋注重系统性，以求为广告决策提供多元化的参考。

同时日益科学和精确的测定方法和技术，以及电脑在调查中的广泛应用，更推进了调查业务的迅猛发展。

（一）广告调查的必要性

广告调查是成功广告活动的必要环节。在广告运作过程中，广告调查是广告策划、广告创作、广告预算、广告发布及广告效果测定等一系列广告活动的开端，它对广告活动的每一个环节都具有指导意义和参考价值。

可以说，广告调查是成功广告活动的必要环节，不进行广告调查就无法开展科学的广告活动。

（二）影响我国广告业市场调查的因素分析

影响我国广告业市场调查的因素有很多，其中主要包括不合理的市场竞争体系；广告主与广告公司落后的经营意识；广告主与广告公司落后的广告意识；广告创意人员的观念误区；对广告效果测定的轻视；科技水平和人才资源的制约这六大因素。

二、广告调查的内容

（一）广告市场调查

1.社会环境调查，社会环境构成的因素很多，包括政治和法律环境、经济环境、文化环境。

2.产品消费者调查。

3.同类产品调查。

（二）企业形象调查

（三）广告媒体调查

1.广告媒体调查中常见的基本概念

①收视(听)率。

②开机率。

③节目视听众占有率。

④毛评点，毛评点的计算方法是：毛评点＝播出次数×播出时的收视(听)率。

⑤视听众暴露度，这是指全部广告暴露度的总额。视听众暴露度的计算方法有：

视听众暴露度＝人口群体的人数×送达给某特定人口群体的毛评点；

视听众暴露度＝广告排期表中每一插播的广告所送达的视听众(人数)累计加总。

⑥到达率，这是指不同的个人(或家庭)在特定期间中暴露于某一媒体广告排期表下的人数，一般均以百分数表示。

⑦暴露频次，这是指个人(或家庭)暴露于广告信息的“平均”次数，它是以一个人(或家庭)所看节目相加之和与个人(或家庭)数做比值而产生的。

⑧有效到达率，这是指在某一特定暴露频次，由一媒体广告排期表所达到的个人(或家庭)数目。有效到达率又通称为有效暴露频次。

⑨每千人成本，它是一种媒体或媒体排期表送达1000人(或家庭)的成本计算单位。

2.以广告媒体的类型所进行广告媒体调查的内容

①印刷类媒体的调查。

②电子类媒体调查。

③其他媒体调查。

（四）广告效果调查

广告效果调查分事前调查和事后调查。

【案例3-1】《高露洁和佳洁士广告传播效果研究》调查问卷

1.高露洁和佳洁士的品牌名称您更喜欢哪一个?

A.高露洁　　B.佳洁士

2.在功能类似的情况下，做促销的牙膏和常用的牙膏您会选择购买哪一个?

A.做促销的　　B.常用的

3.您认为高露洁和佳洁士的防蛀效果哪一个更好?

A.高露洁　　B.佳洁士

4.明星为牙膏做广告，对于您选择牙膏是否有影响?

A.有　　B.否

5.以下广告语您更喜欢哪个：

高露洁——我们的口号是没有蛀牙

佳洁士——健康自信，笑容传中国

A.高露洁　　B.佳洁士

6.广告中强调产品经过“全国牙防组认证”是否会增强您对其的信任度?

A.是　　B.否　　C.表示怀疑

7.佳洁士（佳节是……）和纳爱斯（牙齿好喜欢）这种特别的牙膏广告相对于一般的广告（医生敲贝壳或鸡蛋）会给您留下更深的印象吗?会改变您对牙膏的选择吗?

A.印象深，会　　B.印象深，不会

C.印象不深，不会

8.请根据您的喜爱程度为以下几种品牌的牙膏排序：

A.高露洁　　B.佳洁士　　C.田七

D.中华　　E.两面针　　F.冷酸灵

第二节 广告调查的程序和方法

广告调查与一般社会调查的程序和方法基本类似，调查程序一般是：

确定调查选题、制定调查方案、搜集资料和实施调查方案、广告调查资料的整理、广告调查资料分析、撰写调查报告。目的就是要确保前期广告调查的科学性和调查结论的可靠性。

一、确订调查选题

确订调查选题即确定广告调查活动的课题，也就是确定要研究解决什么问题，调查课题大致可以分为两种类型：

第一种类型可称为描述型课题。这类课题确定，通常是因调查者对调查对象情况知之甚少，需要通过调查来详尽地描述对象的轮廓和细节。

第二种课题类型是解释性课题。这种类型课题的确定目的是力图通过详细阐述既成事实为何或如何发生，来解释某些急需了解的现象之间的因果关系，并采取对策。

二、制订调查方案

制订调查方案是广告人员根据组织形象的现状和目标要求，分析现有条件，设计最佳行动方案的过程。其内容包括设计调查指标、选择调查对象及调查活动规划三个部分。

（一）调查指标设计

一项广告调查的指标通常由下列几个部分组成：

1.调查的指导思想。

2.调查的对象和范围。

3.调查指标内容。

（二）广告调查对象

广告调查对象是解决“向谁调查”的问题。

（三）调查活动规划

一般具有以下内容：

1.确定并规划完成调查课题的一系列调查方法和措施。

2.设计调查步骤并做出时间规划。

3.确定调查活动的人员配置和人员培训措施。

4.经费预算和各种调查必备物品的选用及分配。

5.替补方案和各种补救措施的规划。

三、搜集资料和实施调查方案

在此阶段，主要工作就是问卷资料的搜集，最普通的方法是由被调查者自行答卷和调查人员访谈两种。对于回收率，调查人员应有足够的估计，100%的可能性是很小的。

四、广告调查资料的整理

广告调查资料的整理，一般包括下列工作程序：编辑、汇总、分类和制表。

（一）编辑

编辑工作首先是从广告调查资料中选取一切有关的、重要的参考资料，剔除无关紧要的、没有参考价值的资料。

（二）汇总和分类

汇总工作是把已搜集到的并经过编辑选取出来的大量资料从形态上进行编组或按大类分堆集中，使之成为某种可供备用的形式。这项工作必须在资料分析工作开始前做妥。

（三）制表

五、广告调查资料的分析并撰写调查报告

广告调查报告是调查者根据广告调查活动所获得的信息资料和据此而形成的分析结论所撰写的一种文体，广告调查报告有基本文体格式、写作内容方面的要求，但在具体的写作过程中还应针对具体情况，灵活安排其写作结构。

六、广告调查的方法

具体来说，广告调查常用的方法有抽样调查法、访问调查法、问卷调查法、观察法、实验调查法、文献研究法以及普遍调查等。

（一）普遍调查法

（二）抽样调查法

抽样调查又称样本调查，它是从调查对象总体中抽取出一部分作为样本，通过这部分样本的调查结果推算、估测、分析来推断总体调查对象的一种调查方法。根据调查者选取样本的不同方法，可以把抽样调查环节划分为两大类型：随机抽样与非随机抽样。

1.随机抽样调查方法

（1）简单随机抽样调查法。

（2）系统抽样的调查方法。

（3）分层抽样的调查方法。

（4）聚类抽样的调查方法。

2.非随机抽样调查方法

常用的属于非随机抽样的方法主要有判断抽样、定额抽样、典型调查及个案研究等。

（1）判断抽样。

（2）定额抽样。

（3）典型调查。

（4）个案调查。

（三）问卷调查法

1.定义与内容

2.问卷的类型

（1）封闭式问卷。

（2）开放式问卷。

3.调查问卷的设计

（1）问卷的结构

①引言 ②注释 ③条款 ④资料的登录部分

（2）调查问卷条款设计

①指标的测量方式。

②条款设计的方法。

③条款设计的原则。

4.问卷的分发方式

调查问卷的分发即怎样用问卷去采集信息，这要根据具体的情况而定，常见的方法有：

（1）邮寄法。

（2）组织分配法。

（3）当面填写法。

（四）访问调查法

访问调查就是通过人际交往的形式进行调查活动的调查方法，即由访问者向被访问者直接提出调查问题，通过被访问者的直接回答来收集调查资料的一种调查方法。这种调查方法通常用于对一些问题的调查，或是对某个具体问题的深入调查，如对重点人物的访谈调查。访问调查一般可分为三种具体形式：访谈法、信访调查法、电话访问法。

1.访谈法

2.信访调查法

3.电话访问法

（五）观察法

（六）实验法

（七）文献研究法

【案例3-2】立邦漆涂料广告效果调查问卷

尊敬的女士/先生：您好！耽误您几分钟，我们是×××，正在做关于立邦漆涂料广告的市场调查。此次问卷不涉及任何商业利益，我们会为您的所有作答保密。希望您配合我们完成此次调查。谢谢您的合作！

一、立邦漆涂料广告效果情况：

1.请问您以前是否看过这则广告？（　　）（填B者跳到第11题）

A.是　　B.否

2.请问您是通过什么渠道看到这则广告的？（　　）

A.广播　B.电视　C.报纸　D.杂志

E.户外广告　F.互联网　G.朋友介绍

H.装饰公司　I.其他（请注明）

3.您看这则广告的频率是多少？（　　）

A.基本上天天看　B.每周3～4天

C.每周1～2天　D.偶尔看　E.看过一次

4.请问您知道这则广告卖的是什么产品吗？（　　）

A.知道（请注明）　B.不知道

5.这是立邦漆涂料的一则广告，您对这则广告的阅读情况是（　　）

A.全面阅读过

B.看过图片、标题，未读广告的细节

C.读了细节的一部分

D.其他（看过广告，但是说不清看过哪部分）

6.请问您认为这则广告的广告语“立邦登了堂，年年住新房”怎么样（　　）

A.很好　B.较好　C.一般

D.较差　E.很差

7.请问您认为这则广告的画面设计安排怎么样？（　　）

A.很好　B.较好　C.一般

D.较差　E.很差

8.请问您认为这则广告的文案表达得怎么样？（　　）

A.很好　B.较好　C.一般

D.较差　E.很差

9.请问您认为这则广告在哪个媒介上表现得比较好？（　　）（可多选）

A.广播　B.电视　C.报纸

D.杂志　E.互联网　F.户外广告

10.看过这则广告后，您觉得这则广告能否引起您继续了解该产品的兴趣？（　）

A.能　B.不能　C.无所谓

11.请问您还接触过其他哪些涂料品牌的广告？（　）（可多选）

A.杜邦　B.PPG　C.富邦

D.邦尼　E.日野　F.其他（请注明）

12.请问您通常相信下列哪个媒介所载的广告？（　）（可多选）

A.广播　B.电视　C.报纸　D.杂志

E.互联网　F.户外广告

G.其他（请注明）

13.请问您以前买过立邦漆涂料吗？（　　）（填B者跳到第17题）

A.买过　B.没买过

14.请问您所买的立邦漆涂料是作什么用的？（　）

A.自家装饰　B.单位装饰

C.其他（请注明）

15.请问您为什么选择购买立邦漆涂料？（　）（可多选）

A.广告促使　B.品牌形象吸引

C.安全可靠　D.价格公道合理

E.售后服务好　F.亲戚朋友介绍

G.没有原因，随意购买

H.其他（请注明）

16.请问您对立邦漆涂料的评价如何？（　）

A.很好　B.较好　C.一般

D.较差　E.很差

17.看过这则广告后，您对立邦漆涂料的印象会发生变化吗？（　）

A.印象变好　B.没有改变　C.印象变坏

18.请问您购买涂料时最看重的是什么？（　）

A.品牌　B.质量　C.价格

D.售后服务　E.其他（请注明）

19.您对立邦漆广告的意见和建议：

二、被调查者基本情况：

1.您的性别：（　）

A.男　B.女

2.您的年龄：（　）

A.18岁以下　B.18～30岁

C.30～45岁　D.45～60岁

E.60岁以上

3.您的学历：（　）

A.硕士或以上　B.本科或大专

C.高中　D.职业学校　E.初中

F.小学　G.其他（请注明）

4.您的职业：（　）

A.机关及事业单位工作人员

B.企业高级主管　C.技术人员

D.企业职工　E.私营业主

F.待业　G.其他

5.您的收入水平：（　）

A.600元以下　B.600～1000元

C.1000～1500元　D.1500～2000元

E.2000元以上

【讨论题】

1. 广告调查的基本程序包括哪些部分？

2. 常用的调查方法主要有哪些？

3. 如何撰写一份合格的调查报告？

4. 请自选一个广告调查主题，设计一份调查问卷，并做实地调查，写一份调查报告。

第三节 现代广告传播策略

一、广告产品品牌形象策略

1.产品形象的构成：核心+形式+附加（产品）

（1）核心产品形象

核心产品：企业提供给公众的基本效用和利益，即产品的使用价值和功能。

核心产品形象：产品的基本功能和用途。

（2）形式产品形象

形式产品：指产品呈现在公众面前的具体物质形态，如质量、外观、包装等。

形式产品形象：如质量形象、外观形象、价格形象等。

（3）附加产品形象

附加产品：购买产品时所得到的附加服务或利益。

附加产品形象：主要体现在企业服务文化与制度方面。

2.广告产品品牌形象策略

（1）广告品牌形象策略

20世纪60年代美国广告大师大卫·奥格威提出。

（2）品牌形象策略的基本内涵

在品牌策略下，广告宣传的重点不再是产品的功效、性能等内容，而是通过消费者在使用产品时所表现出的气质、风度及强烈的生活氛围，

图3–1 电影节海报

给人以心理的震撼和冲击，从而打动消费者。

（3）品牌形象塑造模式

①人格化品牌形象塑造模式

把某种类型的消费群体的性格、气质赋予某种品牌的手法。常借助于合适的模特儿、商标人物的虚构和明星人物的推荐来实现。（图3—1）

②时事性品牌形象塑造（事件营销）

企业针对社会上发生的重大事件，及时将自己的态度、立场和观点融入，并以各种媒体传播。（图3—2）

ALS冰桶挑战可以说是2014年夏天的大赢家，它由国外传入，并经国内最大的社交平台微博不断发酵。率先接受挑战的，是科技界类似于雷军、李彦宏这样的大佬们。而后，娱乐圈的各路明星也纷纷加入活动，使冰桶挑战的热度持续升温。围观的群众表示虽然自己被点到名的可能性非常之小，但看着平日里高高在上的名人们发如此亲民又好玩的视频实乃一大乐趣。

ALS中文全称是“肌萎缩侧索硬化症”，患有此病的波士顿学院的著名棒球运动员Pete Frates希望更多人能够关注到这一疾病，于是发起冰桶挑战。活动规则如下：被点名的人要么在24小时内完成冰桶挑战，并将相应视频传上社交网站；要么为对抗ALS捐出100美元。因挑战的规则比较简单，活动得到了病毒般的传播，并在短短一个月内集得了2.57亿元的捐款。

ALS冰桶挑战是一次公益与营销十分有效的结合，可能Pete Frates在发起这项活动时都没有料想到会有如此疯狂的传播，这也算是无心插柳柳成荫。不少品牌也纷纷依靠此活动借势营销，较有名的就是三星向苹果发起了“冰桶挑战”。

二、广告产品定位策略

在广告活动中，通过分析产品的特点及消费者心理，确定在广告中产品的地位和形象，促使消费者选购产品的策略。

图3—2　ALS冰桶挑战：席卷全球的公益病毒

什么是定位？为什么要定位？如何定位？

产品定位策略是广告策划运作中的关键性环节。产品定位合理直接关系到广告活动的最终效果，也决定了广告的诉求重点。当今各媒介高速发展，人们进入了一个传播的时代，过去追求产品的特点和形象很难奏效，重要是建立在消费者心中的位置，不仅要考虑自身优势还要考虑竞争对手的强弱点，这就是寻求产品独特的产品定位，当今的广告策划是注重产品定位的策略。

产品定位是在对本产品和竞争产品进行深入分析、对消费者的需求进行准确判断基础上，确定产品与众不同的优势及与此相关联的在消费者心目中的独特地位，并将它们传达给目标消费者的动态过程。定位策略是现代广告运作中关于产品的一个核心策略，它帮助产品在消费者心目中确定与众不同的地位并获取在同类产品中的更大竞争优势。按照定位策略，通过定位分析、决策和传播过程直接传达给消费者，再确立产品在消费者心目中与众不同的地位与信息。

1.实体定位策略

突出强调商品的（使用）价值，与同类商品的不同及能够带来的好处。

功效定位：广告中突出产品的特殊功效。(图3-3)

品质定位：广告中强调产品的良好品质。(图3-4、图3-5)

市场定位：细分市场，产品定位在最有利的市场上。(图3-6、图3-7)

图3-3　耐克广告

图3-4　苹果手机广告

图3-5　三星手机广告

图3-6　老板厨房电器广告

图3-7　王老吉广告

2.观念定位策略

确定一种新的价值观念来改变消费者的习惯心理，树立新产品观念。

逆向定位：自认缺点，甘居第二。

是非定位：观念上把产品区分，引导消费。

曲向定位：称苏州为“东方威尼斯”。

引导定位：树立新的消费观念。

3.定位的步骤

（1）明确潜在的竞争优势：对市场进行分析、对消费者进行分析、对竞争对手的分析、对本企业和产品的分析。

（2）选择竞争优势：企业理论最大化原则、消费者认同原则、企业支付能力原则、可操作性原则、符合企业形象的原则。

（3）明示竞争优势：企业市场营销与定位的配合、广告与促销活动的开展。

（4）定位误区：定位过高、定位过低、定位混乱。

三、广告的诉求方法策略

指借用什么方法以引起消费者的注意、兴趣和购买欲望，达到说服的目的。

广告的诉求方法：感性诉求、理性诉求和情理结合诉求。

1．理性诉求策略

（1）理性诉求策略的含义：以理服人。

（2）理性诉求策略的内容特性：客观介绍，量化说明。

（3）理性诉求策略的表现形式：

直接理性诉求（图3–8）

间接理性诉求（图3–9～图3–11）

2．感性诉求策略

（1）感性诉求策略的含义：以情感人。

图3–8　红牛广告

图3–9　MINI CABRIO广告

（2）感性诉求策略的内容特性：传达情感，唤起受众的认同。（图3–12～图3–17）

图3–10　MINI CABRIO广告

图3–11　MINI CABRIO广告

3．情理结合诉求策略

（1）情理结合诉求策略的含义：情理交融

（2）情理结合诉求策略产生的必然

图3–12　啤酒广告

图3–13　饮料广告

图3–14　饮料广告

图3–15　饮料广告

图3–16　西铁城手表广告

图3–17　西铁城手表广告

第四节 ///// 广告传播策略与创意

一、广告传播策略

主要从广告整体运作入手，把广告传播与传达置于广告运作的大环境中，以策划、设计、传达为主线，运用市场学、心理学、传播学、美学等综合性学科理论知识与方法，研究分析广告设计流派和现代设计理念，以及围绕这一重要设计思想的广告传播设计方法和技巧。

广告表现策略概述

首先要明确广告的目标，根据市场情况制定可以达到的预期目标的市场策略。研究企业原有的市场观点的分析与评价，对市场进行细分。其次，制定广告诉求策略。明确广告的诉求对象，了解诉求对象特性与需求，制定广告的诉求重点。第三，制定广告表现策略。包括对广告主题策略、广告创意策略和广告表现的其他内容（广告表现的风格、各种媒介的广告表现、广告表现的素材等）的分析和研究。第四，制定广告媒介策略，对媒介的地域、类型，媒介的选择、组合策略，确定广告发布时机和广告发布频率。

1.广告表现策略的概念

包含在广告的整体策略中的、关于广告信息的有效传达方式的指导性方针。

2.广告表现策略的主要内容

（1）广告主题：广告主题是广告的核心，是广告创意的基础。

（2）广告创意：是一种超越性思维过程，是广告的生命和灵魂，是通过艺术手段的处理，将企业或产品形象淋漓尽致地表现出来。

二、广告传播创意

强调广告传播的重要性，能以市场研究为基础，完成广告视觉形象的整体策划设计；强调表现创意与思想内涵创意并重；强调市场研究、消费者研究、传播方法技巧研究。

三、广告传播设计实践

通过专项课题实际操作，要求进行深入的市场调查研究，并在此基础上进行设计创意。

如何将广告创意用最完美的视觉语言表现出来成为万众瞩目的焦点，也是打动客户与消费者的重要环节。

四、策划书的撰写

要求主题设计策划书以设计策划为核心，分为市场环境调查，产品、竞争对手和消费者调查、问题点、机会点发现，市场目标、市场定位、广告定位、广告主题和广告诉求、广告表现等多项内容。

要求策划书逻辑严密，论证严谨，数据充实，在设计主题和广告诉求构思、创意表现问题能体现前期市场调查的成果，同时有艺术表现的风格语言和技巧，达到内容和形式的完美统一。

五、广告表现技巧

（一）开门见山式：（忌空洞无物）（图3-18）

（二）比较式：（忌贬低同行）（图3-19）

（三）幽默式：（忌低级、庸俗）（图3-20）

（四）悬念式：（忌恐怖、费解）（图3-21、图3-22）

（五）实证式：（忌虚构、“托儿”）（图3-23～图3-26）

图3—18　香奈儿广告

图3—21

图3—19

图3—22

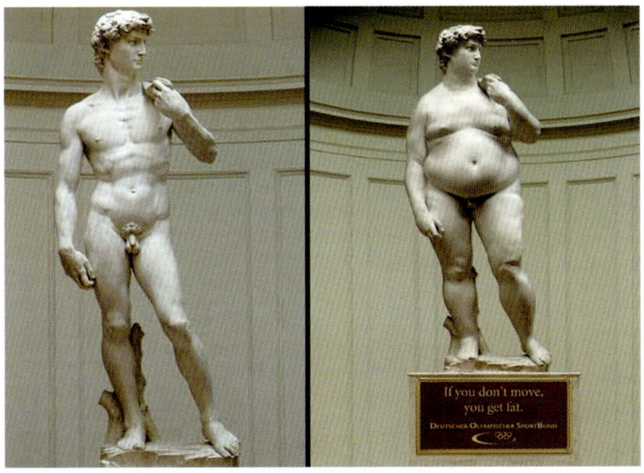

图3—20　健身中心广告

图3—23　起重机广告

图3-24　洗衣液广告

图3-25　洗衣液广告

图3-26　洗衣液广告

第五节 ///// 广告心理策略

一、消费者的心理特征

（一）消费者的年龄心理特征

儿童期的心理特征：形象思维好，无意注意多，好奇心重，模仿能力强。（图3-27）

青少年时期的心理特征：充满热情，富有朝气；易于冲动；性意识已经觉醒。（图3-28～图3-30）

中年期的心理特征：接受信息以理性为主，对身份感的追求十分强烈。（图3-31、图3-32）

老年期的心理特征：偏好老牌产品（怀旧）；不易受广告影响（固执）；注重健康、保健、长寿。（图3-33）

图3-27　奥利奥广告

图3-28

图3-29　果汁广告

图3—30　果汁广告

图3—31　汇仁肾宝广告

图3—32　劲酒广告

图3—33　脑白金广告

（二）消费者的性别心理特征

性别本身和社会分工引起女性的心理特征，爱美是女人的天性。行为和态度易受情景的影响，感情丰富。（图3—34、图3—35）

图3—34

图3—35

图3—36

图3—37

图3—38

男性的心理特征：

希望商品能显示阳刚之气。

喜欢在异性面前表现自己，面子观念重。

注重商品的内在品质。

善于推理，独立性强。

（图3—36～图3—39）

二、消费者的需求心理

（一）消费者的需求：马斯洛的“需求层次论”

1．生理需要(图3—40、图3—41)

2．安全需要（图3—42）

3．社交需要（图3—43）

4．尊重需要

5．自我实现的需要

前两者是生理需要，后三者是心理需要，在

图3—39

图3—40

图3—41

图3—42

当今社会，心理需求对人们购买行为影响更大。

（二）消费者的购买动机

据分析，购买动机有600多种，分为生理和心理动机。从总体上讲，生理动机受外界影响小，心理动机受环境影响大。故广告宣传的重点在后者。

求实动机、求新动机、求美动机、求荣动机……

不同的购买动机会导致不同的购买行为。（图3—44～图3—47）

图3—43

图3—44

图3—45

图3—46

图3—47

第四章　广告营销

本章重点 >>

掌握广告营销的知识结构，重点掌握营销策划与广告策划的区别。

学习目标 >>

与实践结合；与社会实践接轨。

学习目标 >>

16学时。

第四章　广告营销

本章内容是广告专业方向的学生踏入社会进行实战操作以前的一个准备阶段，学生除了要掌握广告营销的基本规律外，还要结合自己的专业特点掌握营销过程中广告战略的决定性因素。大多部分都是我们课程体系内的重要课程，所占学分也很多。希望在此课程中穿插前面的专业知识，了解各门课程的用途和归处。在本章的作业中，同学们需要联合起来组成团队，结合各自的特长，发挥各自在团队中的作用。根据自己团队模拟选定的项目进行营销中的广告设计和视觉传播内容，也可以延续上一章的项目继续完善。

第一节 ////// 广告与营销战略的关系

一、营销战略与广告战略的制定

美国著名营销学家科特勒认为，营销战略就是企业或其他业务单位意欲在目标市场上用以达成它的各种营销目标的广泛的原则。营销战略的内容主要由三部分构成，即目标市场战略、营销组合战略以及营销费用预算。

广告作为营销战略的一个重要组成部分，应该与营销战略的各个要素结成一个有机整体，互相配合，互相协调，互相促进，互动发展。

主要是做好以下两点：

（一）广告应服从企业的整体营销战略；

（二）广告应体现企业的整体营销战略。

二、广告应服从企业的整体营销战略

（一）广告以目标市场战略为纲

目标市场战略是指在企业战略市场细分的基础上，选择一个或少数几个细分市场为目标市场，集中企业的主要资源，进行专业化生产和销售，使企业在这些市场上占有较大的份额，形成同类产品所不具备的产品优势和低成本的竞争优势。

事实上，一个消费者能否成为某产品的消费者，受其年龄、家庭生命周期、收入、生活方式、追求的利益、教育程度、地域等多方面因素的影响。只有正确加以筛选，才能事半功倍，用最小的投入获取最大的利益。

广告必须符合目标市场战略，广告的格调、语言、画面、音乐及营造的氛围都必须符合目标群体的文化和审美需求以及接受和理解能力，广告投放的媒体和时间也应该符合目标群体的收视和阅读习惯。

案例：脑白金

广告语通俗、易懂。根据脑白金的目标市场战略，脑白金的广告根本不是拍给自命高雅的人看的。只要能打动目标市场消费者的广告，就是好广告。（图4—1～图4—4）

图4—1

图4—2

图4—3

图4—4

（二）广告以营销组合战略为纲

营销组合战略，不是对营销的要素进行简单的组合，而应该是有机地整合传播。“营销即传播，传播即营销”的观念已被营销界广泛认同。“整合传播”是研究如何向别人高效地传递信息，从而改变人的认识和行为，最终达成销售目标的理论。

整合传播重在“整合”，即传播对象、传播内容以及传播手段的选择和组合。整合传播，其关键在于决定向谁传播(传播目标的选择和组合)，传播什么(传播信息的选择和组合)，以及如何传播(传播渠道的选择和组合)。向谁传播属于目标市场战略的范畴，而传播什么及如何传播则是对产品、价格、渠道、促销、政治权利、公共关系要素的整合。

广告作为整合传播的一种手段，最大限度地起到和消费者有效沟通的作用要做到两点：

1.不能互相矛盾。广告必须与产品策略、价格策略、渠道策略及其他整合传播策略相辅相成。

2.不能互相脱节。各种传播手段在市场运作中应一气呵成，浑然一体，统一行动，整体表达。要善于组合，善于立体。如果各个环节脱节，就会顾此失彼，削弱了广告的力度，无法达到促进销售的目的。

案例：农夫山泉

2000年4月，农夫山泉在中央电视台播出广告，演示了一个实验：两株水仙花，一株浇纯净水，一株浇农夫山泉天然水，结果浇纯净水的水仙花病恹恹的，而浇农夫山泉天然水的则茁壮成长，意气风发。

在进行广告对比的同时，农夫山泉刮起了事件营销旋风：2000年4月24日，宣布由于科学实验表明，纯净水对健康并无好处，而含有矿物质和微量元素的天然水对生命成长有明显促进作用。作为生产厂家应该对人体负责，因此农夫山泉将不再生产纯净水，转而全力投向天然矿泉水的生产销售。

三天后，农夫山泉正式披露由浙江大学生物医学工程学院、浙江省心脑血管系统中药筛选与评价重点实验室主持的水与生命课题所做的一项实验。该实验主要通过利用纯净水与天然水对白鼠、水仙等的影响，对水与动物、植物生命的关系进行研究。研究表明，天然水及其中含有的钾、钠、镁离子对维持生命极为重要，而纯净水与之相比则有显著差距。

同年5月26日，农夫山泉在全国21个大中型城市的2700多所小学正式启动全国青少年争当小小科学家活动，声称要发动全国3亿少年儿童开展天然水与纯净水的生物比较实验，弄明白究竟什么水好，仅在上海已有近300所小学发动起来参加这一活动。

2000年7月18日，中国奥委会宣布农夫山泉为第27届奥运会中国体育代表团唯一饮用水赞助水。

通过以上组合拳，以新闻报道、公益活动、

图4—5

图4—6

图4—7

体育赞助等多种传播形式对广告活动进行配合，农夫山泉很快树立了知名度和美誉度，成功突破了娃哈哈和乐百氏的合围。（图4—5～图4—7）

（三）匹配资源，因势制宜：广告以营销费用为纲

企业要在市场竞争中获胜，必须制定正确的市场营销战略，但同时要使企业的资源与市场需求相匹配。企业在制定广告计划时，应充分考虑企业的人力、物力、财力资源。

三、广告应体现企业的整体营销战略

营销战略好比是一根红线，将产品、价格、渠道、促销、公共关系、政治权利等要素有机地贯穿起来，形成一条光彩夺目的珍珠。

广告作为营销战略的一种战术手段，必须能够在理念、行为、视觉、个性及持续性等具体层面上体现出营销战略。

1.理念层面

企业的营销战略不能与企业的经营理念相违背。同样，广告作为营销战略核心理念的一种外在沟通方式，其主题、创意、表现都必须围绕着这个核心理念。

在上海通用汽车开始全国营销攻势之时，为体现其“在中国制造世界品质的轿车”的承诺，推出了“当代精神当代车”的核心概念。为在具体层面诠释这一理念，上海通用汽车以西西弗神话“推球”为题材，制作了极具表现力的电视广告：苍茫雄浑的荒原，强悍的男人列成纵队，正以众志成城之势推着一个巨大的金属球上山，金属球上镌刻着别克的标志，这时响起铿锵有力的音乐和旁白：“它不只是一部车，这是一种精神！以当代精神造别克，来自上海通用汽车。”

这则广告深化了“当代精神当代车”的理念，传递了“世界级品牌，世界级体验”的价值。（图4—8、图4—9）

图4—8

图4—9

2.行为层面

正如一个人的言行体现着其素养一样，企业在研发、生产、品控、服务等各个环节的一举一动都反映着企业的内在精神。因此在企业的营销战略中，应把这些行为生动有力、有章有序地展示在消费者眼前，使消费者对企业和产品产生信赖感。而广告是这些行为的重要告知途径。

通用汽车曾推出五款平面广告，从制造、质量、销售、售后服务、技术合作等具体行为来反映其用户第一、质量第一、服务第一的企业精神：

一则广告题为“质量是制造出来的，而不是检查出来的”，强调“精益生产，关键在于不能退而求其次”；

一则广告题为“我们要求所有的别克零部件供应商都要通过严谨的QS9000质量认证”，强调“做好大事，必须小心求证”；

一则广告题为“众人同心，其利断金”，强调“造世界水平的别克，靠的是世界水平的人”；

一则广告题为“能人背后有能人，别克背后有泛亚技术中心”；

一则广告题为“在上海通用汽车特约售后服务中心有熟人的感觉，是花钱买不到的”。

通过以上五则广告环环相扣的诉求，使消费者从企业的行为中，深深地体验到了别克的文化，产生了共鸣。

3.视觉层面

怎样才能够很感性地表达出营销战略的核心理念？最好的办法就是在广告策略中，在视觉上找到一个载体。

金正苹果1999年的“苹果熟了”的广告战役给消费者留下了深刻的印象。在DVD之战中，金正确立了推广“成熟”概念的营销战略。所谓成熟，就是技术的成熟、产品的成熟、服务的成熟。为了传播这一概念，金正用苹果作载体，将理性的内容用感性的手段表现出来，很快让“成熟”的苹果长满了大江南北。

电视广告是这样的：

画面：三个青春少女，手捧金色的苹果，载歌载舞。

歌曲：熟了熟了，苹果熟了，收获季节性，你要好好把握；熟了熟了，苹果熟了，季节到了

广告语：苹果熟了，金正DVD（图4—10）

而其平面广告则分别以“成熟就是更宽容”“成熟就是更完美”“成熟就是更可靠”为主题，全方位地诠释了“全兼容、更清晰、强纠错”的功能特点。由于金正广告很好地利用视觉层面的表现，引起了消费者的注意，改变了消费

图4—10

者的态度，使消费者发自内心地接受了产品。

4.个性层面

在广告诉求中，必须使营销战略中所追求的差异和个性丰满翔实起来。

2000年奥运会期间，北京晚报没有去走贪大求全的老路，而是牢牢把握“不晚报”的定位，用“晚报，不晚报！”的广告口号宣传了自己的特色、表达了自己的个性，巧妙塑造了形象。北京晚报奥运系列广告在“晚报，不晚报！”统一主题下，宣扬了“夺金，不晚报！”“世界，不晚报！”“坚持，不晚报！”“自信，不晚报！”的口号，画面上的主题词用“反对晚报！”的标语形式，而图案则分别是由报纸构成的奥运五环标志、体操吊环、运动鞋。文字与图片相得益彰，既形象表达了北京晚报及时全面报道奥运赛事的主题，又展示了北京晚报胸怀世界的气度和志在必得的信念。（图4-11～图4-13）

5.持续性层面

从营销管理过程的角度来度，营销战略管理可以区分为三个阶段，即营销战略计划、营销战略执行和营销战略控制。广告的持续性是营销战略计划、执行和控制是否成功的重要标志。

脑白金为什么能够在市场上畅销数年之久？很重要一个原因是其广告持续性地执行了其“作为礼品”的营销战略。无论广告的创意和制作怎么变化，从没更换过这个主题。先是诉求“今年送礼送脑白金”，后是变成“还要送脑白金”，现在变成了“更要送脑白金”。

谎言重复千遍就是真理。广告亦然。你要真正打动消费者，就必须坚持用一个声音说话。

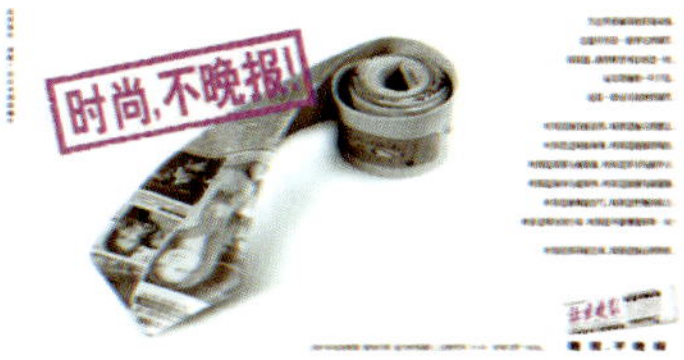

图4—11

图4—12

图4—13

第二节 ///// 营销方式细分

一、服务营销

服务是用于出售或者是同产品连在一起出售的活动、利益和满足感，那么美容企业就不仅是在为消费者提供美容产品，更在为消费者提供能够使消费者变得更“美”的一种服务！这原本就不应该是口头上的宣传，也不仅仅是单纯的一种策略，而是实实在在为消费者做出的一种承诺、一种接触、一种享受、一种理所应当的付出。

营销方式对比

营销方式多种多样，但是传统的营销方式（电视广告、报纸、户外广告）投入成本大、效果难监控、持续周期长等因素导致其越来越不受重视，而网络营销方式因其高性价比，备受企业青睐。品牌营销是指企业通过利用消费者的品牌需求，创造品牌价值，最终形成品牌效益的营销策略和过程。是通过品牌联播等专业的新闻传播与策划机构再结合企业各种营销策略使目标客户形成对企业品牌和产品、服务的认知过程。品牌营销从高层次上就是把企业的形象、知名度、良好的信誉等展示给消费者或者顾客，从而在顾客和消费者的心目中形成对企业的产品或者服务品牌形象，进而使企业的品牌知名度、企业的信任度提升，这就是品牌营销。品牌营销说得简单些就是把企业的品牌深刻地映入消费者的心中。

二、网络营销

网络营销（On-line Marketing或E-Marketing）就是以国际互联网络为基础，利用数字化的信息和网络媒体的交互性来辅助营销目标实现的一种新型的市场营销方式。简单地说，网络营销就是以互联网为主要手段进行的，为达到一定营销目的的营销活动。

网络营销师也叫网络营销工程师，特指经中国电子商会网络营销师认证专家委员会评审、工业和信息化部下属执行单位“网络营销学院”项目组考核通过的复合型人才，他们能以互联网为平台，搜集、查询产品营销所需的各相关信息，加以筛选、分析和研究，进而优化设计、架构出自身企业产品的网络营销体系，并能依据市场因素变化对网络营销体系内容做相应调整。

三、个性营销

个性化营销的主要内容包括用户定制自己感兴趣的信息内容、选择自己喜欢的网页设计形式、根据自己的需要设置信息的接收方式和接收时间，等等。据研究，为了获得某些个性化服务，在个人信息可以得到保护的情况下，用户才愿意提供有限的个人信息，这正是开展个性化营销的前提保证。

四、知识营销

在知识经济时代，企业管理的重点将从生产转向研究开发，从对有形资产的管理转向对知识的管理。与此同时，企业营销方式也必然会转向更高层次，即知识营销将成为企业获得市场的一种重要的营销方式。知识营销使客户在消费的同时学到新知识、增加营销活动的知识含量；挖掘产品文化内涵，注重与消费者形成共鸣的观念价值；形成与消费者结构层次上的营销关系；培训顾客有针对性地销售。

五、情感营销

情感营销就是把消费者的个人情感差异和需求作为企业品牌营销战略的核心，通过借助情感包装、情感促销、情感广告、情感口碑、情感设计等策略来实现企业的经营目标。它注重和顾客、消费者之间的感情互动，在一些中型企业想迅速提高企业形象的时候，这样做是非常有必要的。

六、教育营销

教育营销不断向受众传播产品知识、经营管理知识，增强了企业营销的冲击力和销售力，也提升了行业人员的素质。所以从出发点和受众心理上看，它具有得天独厚的优势。但如果真正想将该营销模式运用到位，需要花费较长时间，企业必须具有长久发展的规划和决心，以及实施企业良性循环长线发展战略的魄力，同时还必须保证这种教育名副其实，体现引导的科学性、权威性，不能浮于表面。“教育搭台，招商唱戏”，否则将得不偿失。

七、体验式微营销

体验式微营销以用户体验为主，以移动互联网为主要沟通平台，配合传统网络媒体和大众媒体，通过有策略、可管理、持续性的O2O线上线下互动沟通，建立和转化、强化顾客关系，实现客户价值的一系列过程。体验式微营销（Has experience marketing）站在消费者的感官（Sense）、情感（Feel）、思考（Think）、行动（Act）、关联（Relate）五个方面，重新定义、设计营销的思考方式。此种思考方式突破传统上“理性消费者”的假设，认为消费者消费时是理性与感性兼具的，消费者在消费前、消费时、消费后的体验，才是研究消费者行为与企业品牌经营的关键。体验式微营销是以SNS、微博、微电影、微信、微视、微生活、微电子商务等为代表的新媒体形式，为企业或个人达成传统广告推广形式之外的低成本传播提供了可能。

八、差异营销

真正的差异化营销是在了解自己产品特性、流通渠道、功效技术、推广资源等信息的基础上，集中优势资源，避开主流方式，以独辟蹊径的方式制造产品概念或者销售通路，达到出奇制胜的效果。其成功运作最大的优势是迅速获得市场认知度、占有率，而且容易形成资源优势。但值得注意的是，容易被跟进者仿效从而沦为平庸，甚至成为培育市场的牺牲品。

九、整合营销

很多人对整合营销的概念还很模糊，其实整合营销就是一种将多种营销形式集合一体的全面有力的营销模式。

整合营销是一种对各种营销工具和手段的系统化结合，根据环境进行即时性的动态修正，以使交换双方在交互中实现价值增值的营销理念与方法。整合营销就是为了建立、维护和传播品牌，以及加强客户关系，而对品牌进行计划、实施和监督的一系列营销工作。整合就是把各个独立的营销综合成一个整体，以产生协同效应。这些独立的营销工作包括广告、直接营销、销售促进、人员推销、包装、事件、赞助和客户服务等。

十、联合营销

联合营销也叫合作营销，是指两个以上的企业或品牌拥有不同的关键资源，而彼此的市场有某种程度的区分，为了彼此的利益，进行战略联盟，交换或联合彼此的资源，合作开展营销活动，以创造竞争优势。联合营销的最大好处是可以使联合体内的各成员以较少费用获得较大的营销效果，有时还能达到单独营销无法达到的目的。

联合营销类型：

1. 不同行业企业的联合营销
2. 同一企业不同品牌的联合营销
3. 制造商与经销商之间的联合营销
4. 同行企业之间的联合营销

十一、绿色营销

是指企业在整个营销过程中充分体现环保意识和社会意识，向消费者提供科学的、无污染的、有利于节约资源使用和符合良好社会道德准则的商品和服务，并采用无污染或少污染的生产和销售方式，引导并满足消费者有利于环境保护及身心健康的需求。其主要目标是通过营销实现生态环境和社会环境的保护及改善，保护和节约自然资源，实行养护式经营，确保消费者使用产品的安全、卫生、方便，以提高人们的生活质量，优化人类的生存空间。

实施绿色营销战略，需要贯彻“5R”管理原则，即研究（Research）：重视研究企业对环境污染的对策；减少（Reduce）：减少或消除有害废弃物的排放；循环（Recycle）：对废旧物进行回收处理和再利用；再开发（Rediscover）：变普通产品为绿色产品；保护（Reserve）：积极参与社区的环保活动，树立环保意识。实施绿色营销是国际营销战略的大趋势，我国企业在这方面应该有一个清醒的认识，并积极付诸行动。据有关方面统计，我国有数百个品种、价值50多亿美元的出口产品将因臭氧层的有关国际公约而被禁止生产和销售，有40多亿美元的出口产品将因主要贸易对象国实施环境标志而面临市场准入问题。针对这种情况，企业要以绿色营销组合的观念和方式去组织生产和销售活动，采用ISO4000

系列标准组织生产，并及时了解目标市场的有关绿色信息、发展动向、新技术和新方法，不断调整企业活动加以适应。

十二、公益营销

企业做公益活动的目的性不是那么明显，回馈人类和承担社会责任被一些人认为是一种赔本买卖，其实不然，从这种活动的性质来讲，公益更像一种立意长远的营销活动。通过公益等实际行动，既表达企业的社会责任感，又使社会受众群体对本企业产生良好的印象，实际上是做了一次变相的企业形象广告。

病毒营销

在众多的营销接触点中，有一点至关重要，那就是来自消费者自己或家人朋友的消费体验。与广告宣传相比，这种消费体验更具有说服力。因此在销售活动中，企业可以争取“口碑领导者”或“意见领袖”的好感，他们可能是行内的专家，可能是媒体从业人员，也可能是明星或知名作家。然后利用他们各自的言论渠道或者诸如论坛、MSN、博客等一些简单的网络上传工具发布消费意见，这被证实为网络时代最有发展的营销利器。

十三、事件营销

事件营销是国内外十分流行的一种公关传播与市场推广手段，集新闻效应、广告效应、公共关系、形象传播、客户关系于一体，并为新产品推介、品牌展示创造机会、建立品牌识别和品牌定位，是一种快速提升品牌知名度与美誉度的营销手段。与广告和其他传播活动相比，事件营销能够以最快的速度、在最短的时间内创造强大的影响力。“事件营销”是指借社会事件、新闻及热点话题之势，有计划地策划、组织、举行和利用具体新闻价值的营销活动。

十四、上门营销

上门营销是最常见的人员推销形式。它是由推销人员携带产品的样品、说明书和订单等走访顾客，推销产品。这种推销形式，可以针对顾客的需要提供有效的服务，方便顾客，故为顾客所广泛认可和接受。此种形式是一种积极主动的、名副其实的“正宗”推销形式。上门营销可以直接同顾客接触，这就决定了人员推销的优势所在。顾客可以根据推销员的描绘而形成一定的看法和印象。当然，这并不是意味着一个好的推销员就一定可以获得推销的成功，但是，他可以留给顾客一个很重要的第一印象。至少，当顾客要购买时，最先想起来的可能是这个推销员，接下来是他所属的公司。上门营销在国外十分普遍，在我国还仅仅是开始，从长远来说，人员推销将成为营销的一种重要方法。

十五、直销

直销是一种分销模式，它有明确的目标客户群体，没有中间销售环节或尽量减少了中间环节，可以度量销售效果，企业利用销售人员可以把产品直接销售出去。可以说，还没有哪一种模式能像直销那样，把员工的创业激情与产品消费结合得那么紧密。也没有哪一种营销模式能像直销一样，把传播效率做到极致。但是从市场现状来看，直销还没有形成气候，很多消费者容易将其和非法传销混淆，产生抵触情绪。随着国家《直销法》的出台，在未来10年内，直销将有可能真正成为催生新财富的点金术。

十六、对立营销

对立营销，是企业的产品在推向市场时，在每个竞争阶段，均需要找出对立者。对立者可以是品牌，可以是产品，也可以是企业或者个人，根据对立者的营销策略体系，建立对立的营销策略体系来跳出同质化竞争市场，或阶段性打击竞争对手。

企业经营的产品，目的是通过市场运营，获得商业价值。但很多企业或产品会面临的首要问题是，市场上，同质类产品很多，而产品又不能完全创新；而在消费者消费心理层面，对于目标消费品，会进行对比行为，这就导致产品多维度同质化，进而品牌同质化，新生的产品或品牌，很容易被淹没在整体市场中。

对立营销策略，由目标市场、对立者、对立策略三者组成，根据目标市场，设定主要竞争对手为对立者，针对对立者建立企业或产品自身的营销策略体系。

十七、奖励营销

奖励营销，是指在受众接受营销信息的同时可以获得奖励。企业在推广产品时，会对消费者的消费行为进行刺激，也就是说奖励。比如：购物奖励，就是购物送赠品；推荐奖励，即进行人荐人的方式进行产品推广及传播；以及将营销信息附加在赠品上的方式等。奖励营销有实物的奖励以及虚拟物品的奖励；上述例子所述即为实物奖励；而如某汽车品牌所做的手机流量奖励营销则是虚拟物品的奖励。

传统的营销广告主要是传达“商家要传播的信息”，而奖励营销则是通过奖励的方式，让消费者主动去获取信息，在传播上奖励营销更具优势。

十八、体验营销

买方市场的形成让消费者需求呈现出了一些新的特点。消费结构上，情感消费的比重提高了；内容上，个性化需求增加了；价值目标上，更加注重接受产品时的感受；而从接受产品方式看，消费者主动参与产品设计制造，消费过程变为一种体验过程。以关注顾客体验为核心的体验营销战略便成为新时期企业的必然选择。它以满足消费者的体验需求为工作重点，将“体验”因子纳入营销战略，为消费者带来新的价值，丰富顾客价值系统的内容，成为体验经济时代企业赢得竞争优势的重要战略。是21世纪营销战中最有力的秘密武器，能迅速拉近与消费者的距离，提升品牌竞争力。

十九、饥饿营销

“饥饿营销”，是指商品提供者有意调低产量，以期达到调控供求关系、制造供不应求“假象”、维持商品较高售价和利润率，也达到维护品牌形象、提高产品附加值的目的。

第三节 营销过程中广告战略中的决定性因素

一、视觉传播

视觉传播以媒介本身传播方式进行划分通常可以分为两种：静态视觉传播和动态视觉传播。

（一）静态视觉传播

静态视觉传播范围广泛，形式多样，几乎涵盖了社会生活的方方面面。报纸、杂志、路牌、车身广告、墙体广告、楼体广告等所有本身是静止的媒介进行的都是静态视觉传播。

（二）动态视觉传播

动态传播形式不是一般所指的电影、电视等动画艺术。而是指大屏幕播放的视频影像；一切动态活动的表现（比如观众的活动、促销场景、车展等）。观众站在“亲身经历”的角度，实际上，当时现场真实的一切其本身就是一个正在进行的动态过程。观察主体运用自己的视觉对现实场景做着类似纪录片形式的“原生态记录”。这对于别人同样是一种特殊的动态视觉传播形式。

（三）两种视觉传播形态的比较

1.静态传播形式所传播的形象（比如海报、广告）更多地着眼于对形象的深层发掘，追求造型的凝练，力图创造出鲜明、突出，具有高度概括性的画面。因此，尽管静态视觉传播形式给人“一目了然”的感觉。但是在缺乏足够的文字解释的情况下，其高度概括性必然造成单一的画面所传达的信息量不够，缺乏相关知识背景的受众很难理解海报或广告设计者所想要表达的深层含义，从而造成受众的“误读”“漏读”。这也是以图片为代表的静态视觉传播形式最大的弱点之一。比之于动态的视觉传播，静态视觉传播的一个优势就在于它的传播成本相对低廉。这使得它可以铺天盖地地传播，进行“地毯式轰炸”。

2.动态视觉传播的优势在于：它更为逼真地浓缩呈现了显示场景，它所带给人们的是生动性、真实性以及强烈的现场冲击力。其实，现在的动态视觉传播往往就是一种多媒体传播，它综合了视觉、听觉等多种感官元素，只不过动态的视觉画面是其传达信息的主要部分，而有了声音等其他形式的补充，动态视觉传播所传达的信息量也就更大。因此人们从动态视觉传播形式中获取信息比从其他任何一种形式的传播中获取信息，都要来得直观和省力。而同样的效果，用静态视觉传播形式来达到可能需要一整本宣传册，而且相信很少有人在当时当地能耐着性子把它看完。但是动态视觉传播的一个很大缺陷就在于其传播技术要求较高，传播成本不低。想要用动态视觉传播形式实现“地毯式轰炸”，是任何一个有理智的传播者都不会干的。因此相对而言，它传播的覆盖范围就远比静态视觉传播形式窄。

二、CI理论战略

（一）CI战略的含义

所谓CI战略，是对企业形象的有关要素（理念、行为、视觉）进行全面系统的策划、规范，并通过全方位、多媒体的统一传播，塑造出独特的、一贯的优良形象，以谋求社会大众认同的企业形象战略。

CI的构成要素和相互关系：

（1）CI的构成要素：

①理念识别MI（Mind Identity）

②行为识别BI（Behavior Identity）

③视觉识别VI（Visual Identity）

MI、BI、VI过程内容图标：

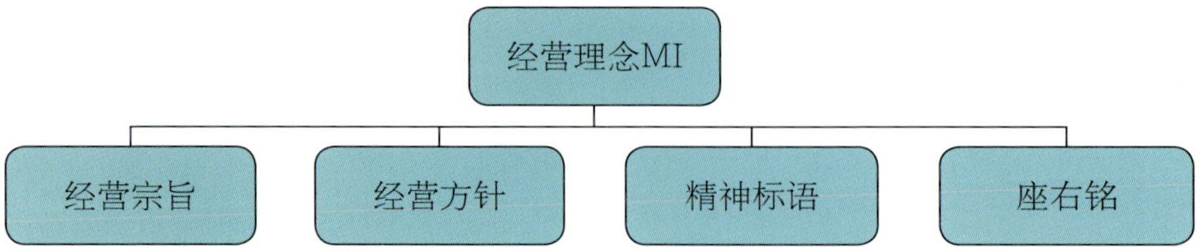

行为识别BI

- 对内
  1. 干部培训
  2. 员工培训（服务态度、应接技巧、服务水平、敬业精神）
  3. 生产福利
  4. 工作环境
  5. 内部设备
  6. 劳动保护
  7. 研究发展
- 对外
  1. 市场调查
  2. 产品开发
  3. 公关活动
  4. 促销活动
  5. 公益性活动
  6. 文化性活动

视觉识别VI

- 基本要素
  1. 企业标志
  2. 企业标准字
  3. 企业标准色
  4. 企业专用图案
  5. 企业象征
  6. 编排设计
- 应用要素
  1. 办公用品
  2. 招牌、旗帜、标志牌
  3. 员工制服
  4. 交通工具
  5. 建筑与环境
  6. 包装与广告
  7. 展示陈列

（2）CI各构成要素的相互关系

MI、BI、VI是一个统一的不可分割的整体，它们有各自的特点和体系，形成完整的企业识别系统CIS。MI是企业存在和发展的指导思想，是企业形象目标和定位的依据；BI是理念的具体表现；VI可以用生动具体的视觉形象表现抽象的企业理念和个性，在整个识别系统中，VI的传播力量与感染力最为具体和直接。

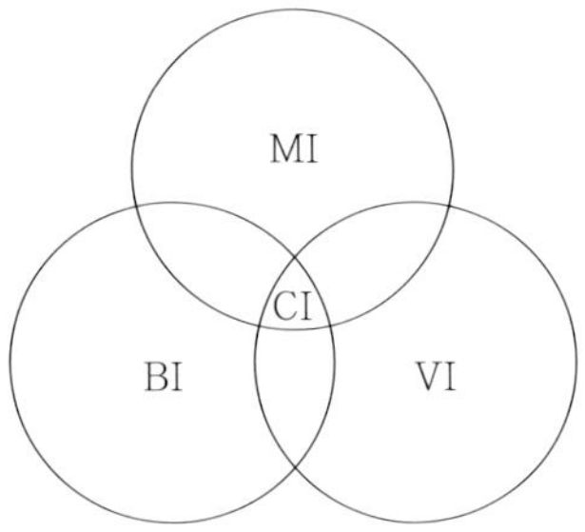

（3）CI战略的主要模式

①美国式的CI模式

②日本式的CI模式

（二）CI战略的特点

1.系统性　2.统一性　3.差异性　4.传播性

5.稳定性　6.长期性　7.操作性　8.动态性

（三）CI战略的功能和作用

CI的主要功能：

①识别功能

②管理功能

③传播功能

④应变功能

⑤协调功能

⑥文化教育功能

（四）CI的作用

1.改善企业体制

CI所要解决的问题在于：

①企业形象模糊，易被误解、误认、企业名称与现状不符。

②商品与商标形象不符、某些特定商品形象已成为其他商品的障碍。

③缺少公司统一的识别系统。

④企业形象出现老旧和沉浮化倾向，赶不上国际化形象的潮流。

⑤知名度太低，在形象的竞争力及认知程度上明显处于不利地位。

⑥企业内形象不好，员工士气低落，人心涣散。

⑦与竞争企业相比形式处于弱势。

2.统一和提升企业形象

3.加强内部凝聚力

4.创造消费信心

5.创造适宜的外部经营环境

CI功能结构图

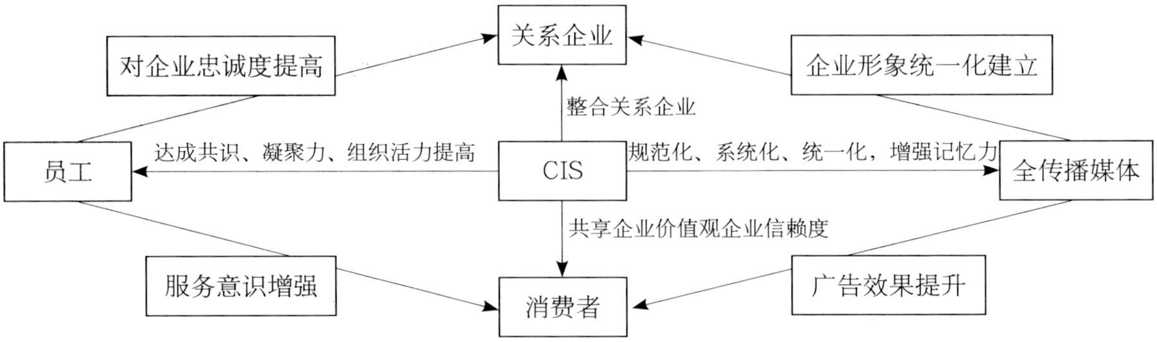

（五）CI战略的理论依据

1．企业形象

（1）什么是企业形象

企业形象，就是企业的关系者对企业的整体感觉、印象和认知。

（2）企业形象的形成

①公众印象 AIDMA法则：Attention—Interst—Desire—Memory—Action

②公众态度

③公众舆论

（3）企业形象的特点

①企业形象是社会公众对企业综合认识的结果，绝非人们对某个企业的个别因素的认识结果，是综合多方面因素形成的。

②企业形象是主客观因素相互作用的产物。

③企业形象具有相对稳定性。

④企业形象塑造的传播性。

2．企业形象与CI战略

（1）CI战略是建立企业形象的有效途径

（2）CI战略有利于维护与发展良好的企业形象

（六）企业文化与CI战略

1．企业文化的基本特征

企业文化——指企业借助某种文化观念、历史传统、共同价值标准、道德规范和生活观念等意识形态因素，在一种企业精神统帅下，增强企业员工的向心力、凝聚力，将各种力量统一到企业和个人共同发展的方向上，使企业增强对外竞争力和生存力的一种管理思想和方法。

（1）集体性

（2）功用性

（3）类型性

（4）规范性

（5）传统性

（6）习惯性

（7）革新性

（8）人文性

2．企业文化的基本功能

（1）导向功能

（2）凝聚功能

（3）融合功能

（4）约束功能

（5）激励功能

（6）规范功能

（7）应变功能

（8）调节功能

（9）信念功能

（10）传播功能

（七）企业对外部的行为识别

企业的市场营销活动

1.市场活动信息传达的统一性

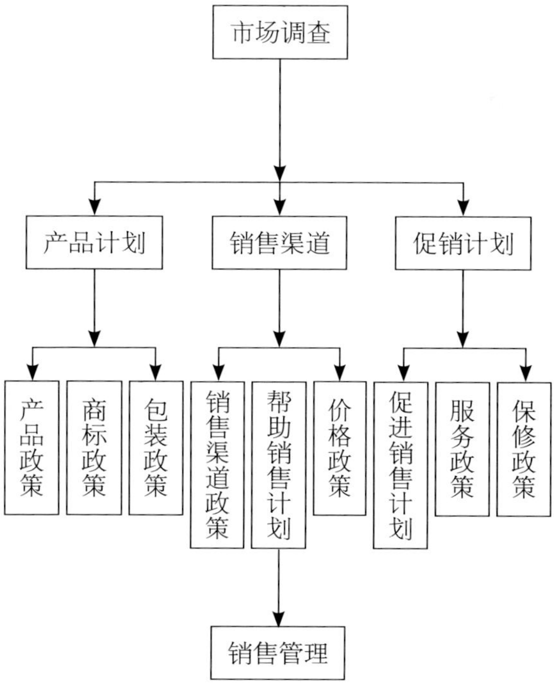

2.营销活动信息传达的识别性

3.营销活动信息传播的策略性

三、广告与传播（促销）要素

广告策略是促销策略的重要构成因素，促销策略又是企业市场营销组合策略的重要组成部分。制定合理的广告策略，不仅要从企业自身经营条件出发，更重要的是要以消费者为导向，即根据消费者的需求特点、文化特点及风俗习惯等来制定，而且还要求企业的广告策略必须符合有关立法及道德标准，兼顾消费者、社会及企业三者利益。

（一）广告对消费者及对竞争者的影响

市场营销学认为，一个企业要想成功地为其目标市场服务，获得利润，就必须在制定和执行市场营销策略中时刻考虑到消费者、竞争者、营销渠道和公司特点四个因素，使它们相互协调。其中，满足消费者需求是营销出发点，市场竞争则是手段。广告作为市场营销中的一个重要因素，也必须考虑到消费需求和市场竞争两个层面。

1.广告对消费者的影响

广告的基本目的是“通过市场有效的交换创造出能使买卖双方需求都得到满足的信息流”。它是以信息沟通社会需求和企业经营活动的中介环节，使消费者产生需求欲望和购买行为。广告主要通过以下三种方式来满足消费者的需求。

（1）满足现存的需求。

（2）激发潜在的需求。消费者除具有现存需求外，还有潜在需求，即潜伏于消费者心理和社会关系中，消费者自身还未充分认知到的需求。

（3）创立全新的消费需求。传统上，广告是通过对消费需求心理和消费行为的适应达到诉求认知目的的，而现在，随着现代商品经济的发展，“适应消费市场”的观念逐渐淡薄，“消费创造市场”的观念逐渐兴起，并且日益受到重视。如日本索尼公司在20世纪80年代就提出了“创造市场”的口号，向60年代提出的“消费者需要什么，我就生产什么”的市场观念提出挑战，而代之以“我生产什么就准是消费者真心所需的”创新市场观念。针对这种新的营销观念，广告逐渐改变过去仅仅向市场诉求认知的表现方式，而积极引导，创造需求，使广告不仅迎合消费需求，而且创造消费者全新的需求意念，并以新的需求意念创造新的消费市场。

2．广告对竞争者的影响

广告与竞争。竞争是商品经济发展的产物，它对于促进经济繁荣和经济资源的有效配置起着重要的作用，是经济机制有效运转、发生健全作用的主要条件。广告作为企业市场营销中的一个重要因素，它对于企业的竞争环境有什么影响呢?

广告实际上是市场竞争的产物。在所有的促销手段中，广告是竞争性最强的传播方式：一方面，广告为消费者提供了充分选择商品的机会；另一方面，也为生产者向消费者展示自己的商品提供了舞台。企业为了通过广告吸引消费者，千方百计地去改进产品，提高产品性能，完善产品服务。一个企业产品和服务的改进通过广告宣传，往往又引起同行业企业的连锁反应。为了维持市场均势，它们纷纷改进自身的营销策略及广告策略。

广告是市场竞争的外化，同时，也是企业对自己产品向消费者做出的承诺。广告内容要真实地反映产品实际，不能夸大其词，搞假广告，本来是一，你不能随意夸大为十。如果广告保证产品是十，企业就要千方百计保持产品水平，不能降至一。因此，广告在一定程度上驱使企业不断对产品加以改进，进行良性循环的竞争。

（二）广告在一定程度上，无形中助长了垄断的形成

就某些行业而言，广告促进消费集中，因此使产品的销售集中到一些占统治地位的公司手中。在激烈的市场竞争中，由于企业实力不一，

竞争的结果必然是优胜劣汰，少数实力强的企业对市场进行分割垄断，并对新进入者设置重重的市场障碍，这些进入市场的壁垒很多与广告促成有关，主要包括以下几种情况：

1.规模经济。广告优势导致产业集中，使产业集中者获得规模经济。这使得新进入者要么大规模打入而遭遇现有公司的激烈报复，但这对很多企业来说，受资本限制，实际是不可能的；要么小规模打入而处于成本劣势，这在以后的市场竞争中将处于不利地位。

2．产品差异性。美国经济学家张伯伦认为：市场上任何同种产品都会存在一定差别。差别性可能是根据产品本身的某种特点，如独有的专利权、商标、商店名称、包装特点等的不同，或是品质、设计、式样等的特点。广告是造成产品差异化尤其是心理差别的重要手段。原有企业通过集中广告，造成顾客对产品心理感觉上的差异和顾客对产品的忠诚，使自己的产品同市场上竞争者的产品区别开来，造成独占优势。

3.市场接受。由于原有产品在广告宣传中具有一定知名度，为大众所熟知，消费者的指名购买率较高，分销者乐意接受，可以减少销售风险；新进入企业为了获取产品分销渠道，往往依靠削价、给予津贴等手段，从而影响到其利润率。

4.广告媒介。就刊登广告而言，现在广告费用之大，只有那些市场占有率极高、实力强大的企业才能承担得起。和弱小的竞争者比，实力雄厚的广告主更有能力垄断广告的黄金时间，并且因媒介所有者按使用量实行优惠而付出较低价格。更有甚者，大广告主能以其实力控制媒介，通过高价收购媒体广告的时间、版面，给潜在进入者的广告宣传设置了障碍。

由此可见，广告对于企业竞争，像一把双刃剑，既有助于形成垄断、削弱竞争，又是打破垄断、进入市场的利器，能促进市场竞争，这关键在于广告如何正确使用。

（三）广告是提高市场占有率、增强竞争力的有效手段

如前所述，广告是企业最有效的竞争武器。研究表明，市场占有率是影响投资收益率最重要的因素。一般来说，市场占有率超过36%的经营项目的投资收益率，是市场占有率低于7%的经营项目的投资收益率的3倍。市场占有率之所以能提高利润率，基于以下四个理由：

1．规模经济。一般说来，无论什么产品，企业生产的批量越大，该种产品的单位成本越小，利润越大。高的市场份额意味着供应的集中，使规模生产成为可能。

2．经验曲线。一个企业在其经营活动中包括生产、材料采购、市场营销等获得越来越多经验时，单位成本会随之下降。市场占有率高的企业，更有可能再降低其经验曲线。

3．讨价还价能力。市场占有率高的企业由于具有较高知名度的产品品牌及对原材料的巨大需求等优势，不易被竞争对手、消费者、供应商所左右，处于有利的讨价还价地位。

4．盈亏平衡点。一旦企业的销售收入弥补了固定成本的支出，增加的边际贡献便全部是企业的利润。市场占有率高，销售收入也增加，其边际贡献也相应增大。

随着社会化大生产和社会分工协作的日益发展，产品趋于标准化和规范化，广告定位概念出现，差别化策略是实施广告定位的手段。它主要是要在为数众多的商品概念中，发现或形成有竞争力的，与其他产品不同的商品特质及其重要因素。准确的定位是广告成功的一半，而定位中一个重要环节就是要正确分析自身产品的竞争环境，找出主要竞争产品。

（四）企业进行广告竞争时采用的两种广告形式

广告是企业强有力的竞争手段。一般来说，

企业在进行广告竞争时，可能采用以下两种主要的广告形式。

1.推销性广告。这种广告主要是立足于本企业产品，向消费者提供的是单方面的信息，即着重宣传本企业形象及其产品的性能、特点、价格以及给使用者带来何种利益等。一般来说，推销性广告有两种表现方式：一种是“理性的左脑广告诉求”，即告知型广告，主要是采用直观的、直接的手法向消费者提供商品信息；另一种是“感情的右脑广告诉求”，即创意型广告，主要针对消费者的心理需求，通过艺术化的表现手法，求得消费者感情上的共鸣。目前，在我国企业的市场竞争中，推销性广告运用得较为普遍。

2.比较性广告。随着商品经济的迅速发展，商品种类日益繁多，推销性广告所提供的信息已远远不能够满足消费者对商品选择的需要，迫切要求企业提供有关商品之间差别的信息，才能强化消费者心目中的商品印象，于是，比较性广告便应运而生。比较性广告是20世纪70年代发展流行起来的一种新的广告形式，它以向消费者比较介绍同类产品或劳务不同牌号之间的差异性，为消费者提供衡量不同牌号产品的标准，其目的是突出自己产品或劳务的特色，吸引更多消费者，占领更大的市场。这种广告一方面向消费者提供了比较完备全面的信息，另一方面又给予消费者一种客观公允的印象，加强了消费者对企业及其产品的信赖感，使消费者感到企业对自己的产品充满信心，敢于公正地对其做出评价。

课后习题

根据CI理论战略的重要意义，制定小组品牌推广的视觉传达系统、企业形象的设计和产品形象的设计。

学生作业：

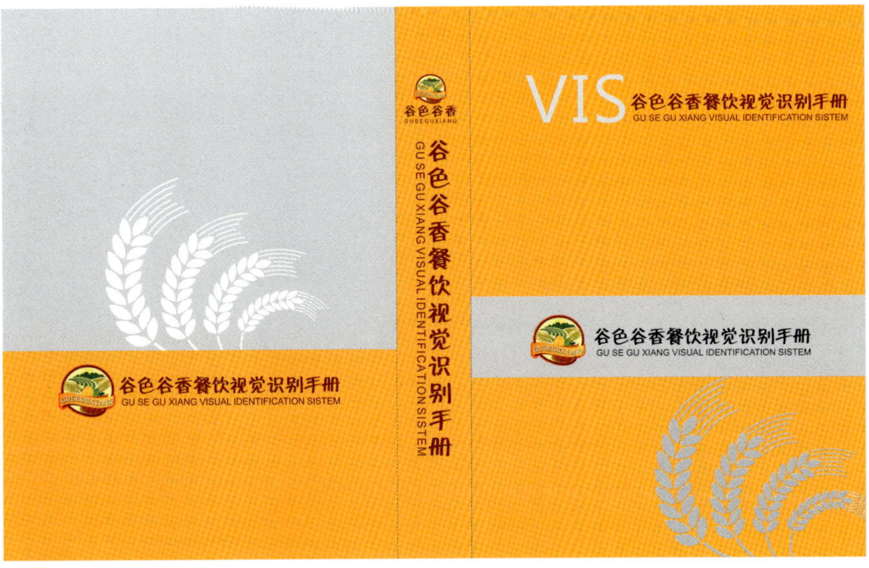

图4-14　谷色谷香餐饮视觉识别手册　视传112班　鲁启明

图4—15　谷色谷香餐饮视觉识别手册　视传112班　鲁启明

图4—17　谷色谷香餐饮视觉识别手册　视传112班　鲁启明

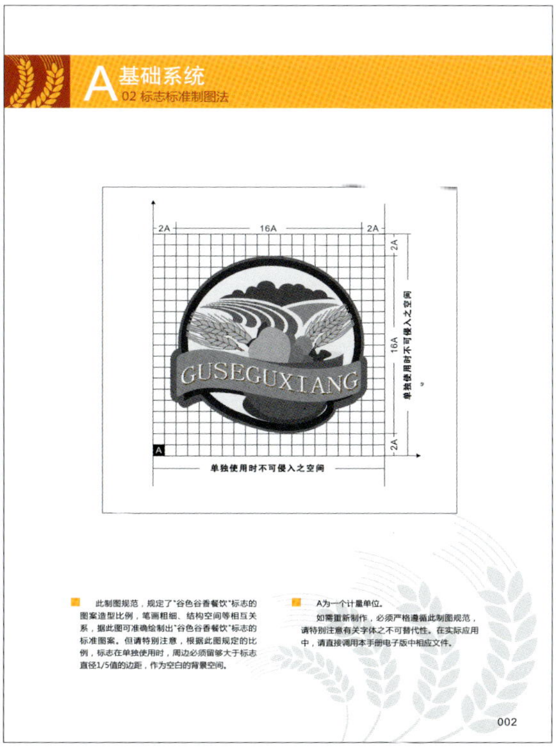

图4—16　谷色谷香餐饮视觉识别手册　视传112班　鲁启明

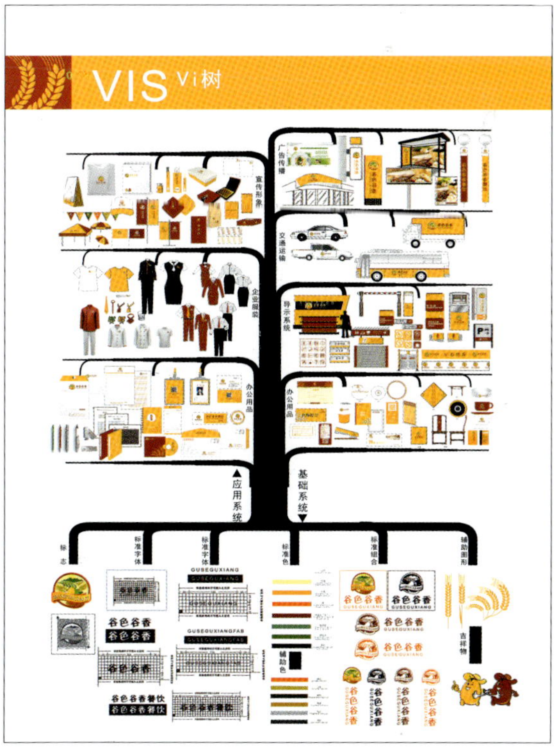

图4—18　谷色谷香餐饮视觉识别手册　视传112班　鲁启明

图4-19　谷色谷香餐饮视觉识别手册　视传112班　鲁启明

图4-21　谷色谷香餐饮视觉识别手册　视传112班　鲁启明

图4-20　谷色谷香餐饮视觉识别手册　视传112班　鲁启明

图4-22　谷色谷香餐饮视觉识别手册　视传112班　鲁启明

图4—23　谷色谷香餐饮视觉识别手册　视传112班　鲁启明

图4—24　谷色谷香餐饮视觉识别手册　视传112班　鲁启明

图4—25　谷色谷香餐饮视觉识别手册　视传112班　鲁启明

图4—26　谷色谷香餐饮视觉识别手册　视传112班　鲁启明

图4–27　西之味餐饮视觉识别手册　视传115班　任麒赢

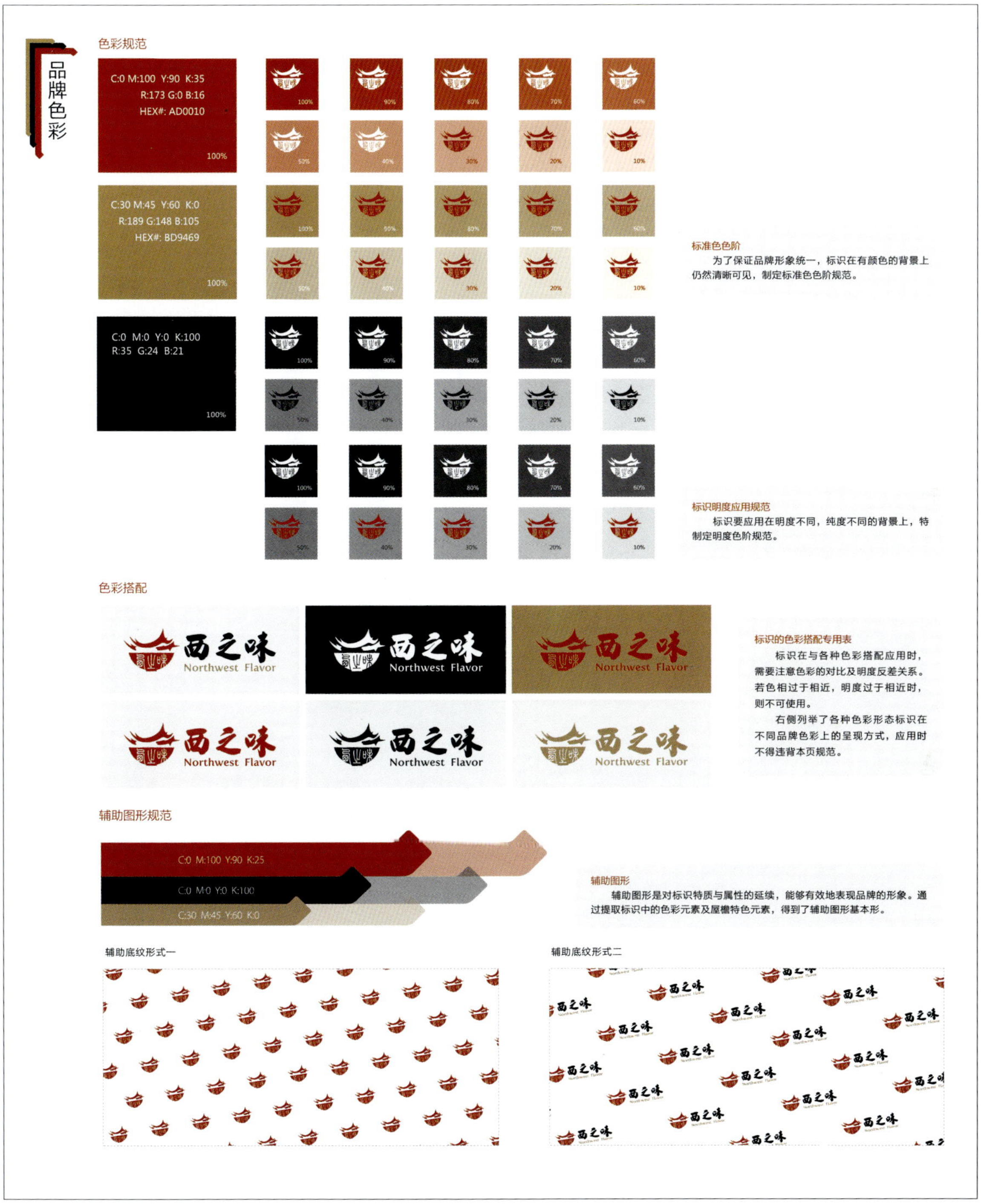

图4-28　西之味餐饮视觉识别手册　视传115班　任麒赢

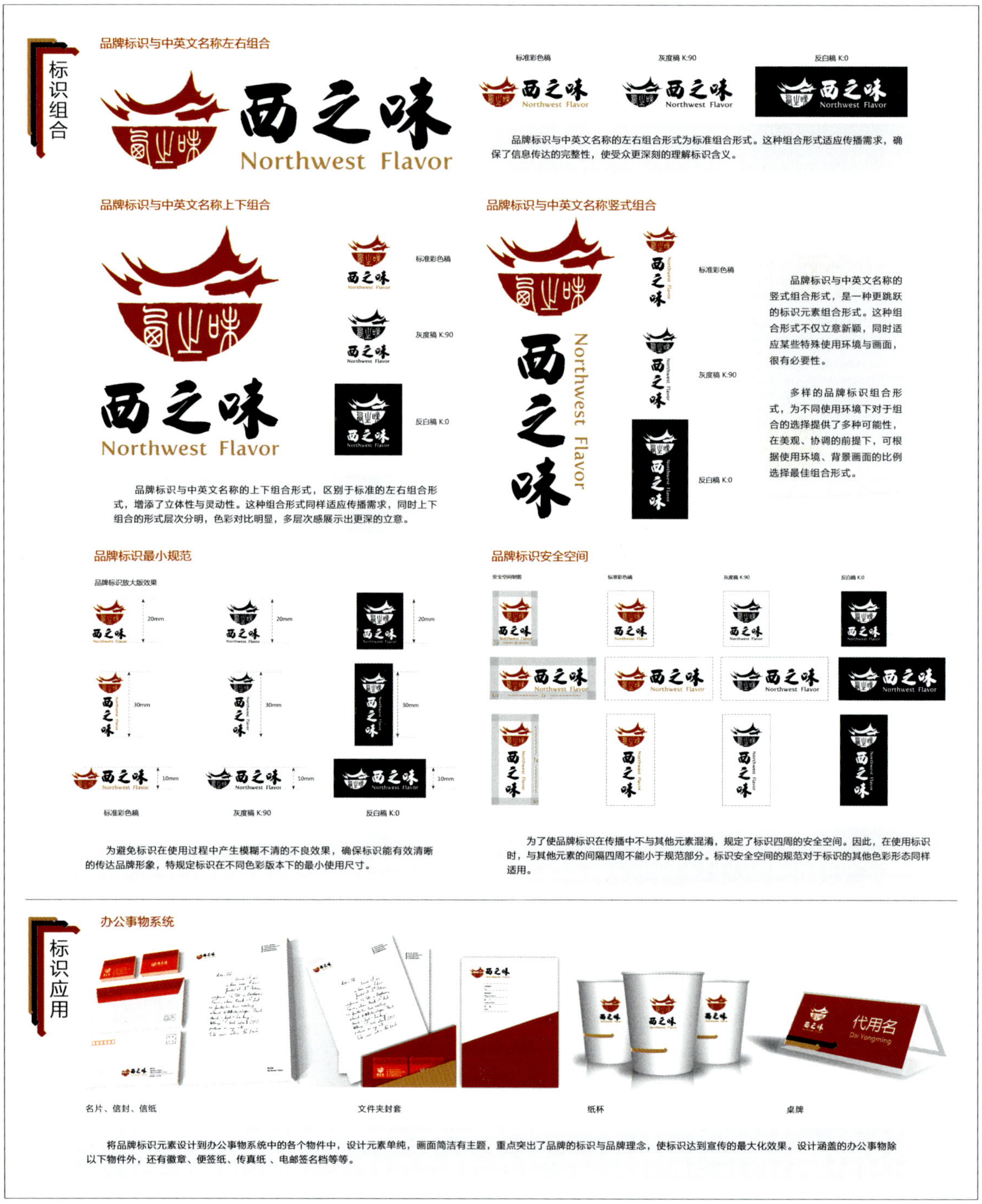

图4—29　西之味餐饮视觉识别手册　视传115班　任麒赢

图4—30　西之味餐饮视觉识别手册　视传115班　任麒赢

成品照片（一）

西之味 Northwest Flavor

图4–31　西之味餐饮视觉识别手册　视传115班　任麒赢

成品照片（二）

西之味 Northwest Flavor

图4–32　西之味餐饮视觉识别手册　视传115班　任麒赢

Brand Concept
品牌理念

在提倡多元化的今天，商业包装设计在体现高新技术、提供良好功能的同时还充当着表现民族传统文化、地域人文特征、品牌个性特点的作用，随着文化营销、品牌营销、知识营销、全球营销、形象营销、绿色营销等新理论的产生，现代商业包装设计在未来的发展开始出现如下趋势：

1.文化包装；
2.品牌包装；
3.绿色包装；
4.互动包装。

中国的茶文化具有悠远的历史。中国将这些传统的民族文化和地域文化融入到包装设计中。走着传统的发展路线，没有特点，需要更进一步创新。国外的茶文化受我国的影响，开始不断地吸取和发展中国的茶文化并应用到包装设计中，有了很好的传播和发展的作用，处于稳定的上升发展趋势。

随着我国国民经济的快速增长，人们的生活水平日益提高，以及人们对现代社会时尚的追求，人们不仅仅只满足于吃穿温饱，而是更加追求精神需求，而市面上比较大众化的茶品包装设计也早已经让人厌烦，缺乏新鲜感。别样的设计会令人耳目一新。抓住这个特点，我会设计一系列比较个性化的包装，让它从形式上更丰富一些。内容上以当代流行元素为主线，更能引起大众的共鸣。

我在设计茶品包装时，将现代的时尚元素与高端休闲饮品的独特个性相结合，打破传统的包装设计模式，设计出时尚而富有个性化的设计，令人耳目一新。

打破中国对于茶饮品的传统包装形式，更加体现具有现代文化气息与时尚潮流的饮品。把品牌定位在新颖、健康、时尚、文化中完美结合，使我的茶饮品与市场上的众多品牌区分开来，让人们感觉到喝茶不仅仅是文化和繁杂的过场，而是一种时尚、一种个性的宣扬。

Logo & Design
标志和设计

设计初始，不仅仅考虑到它的整体美感，在材料上更是本着绿色环保以及便于运输的理念。

图4—33　茶语包装设计　视传115班　郭晨曦

Deputy Logo
副标志

整体的副标题是艺术处理的“茶语”汉字与英文相结合

茶语
红茶 Black Tea

茶语
白茶 White Tea

茶语
花茶 Scented Tea

茶语
绿茶 Green Tea

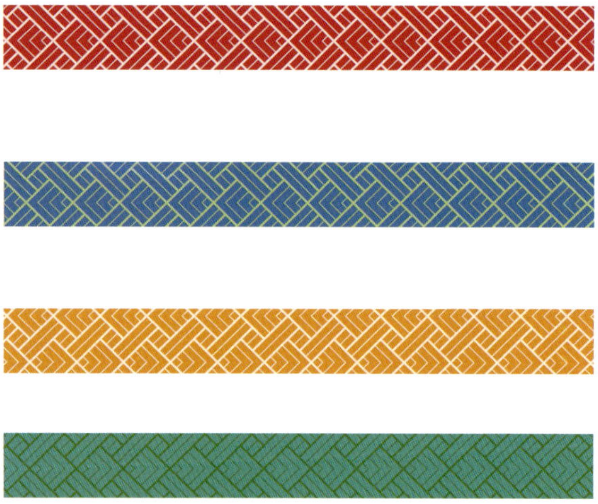

LOGO采用中国格的元素设计理念，体现出茶叶与中国文化的交融。

图4—34 茶语包装设计 视传115班 郭晨曦

Design draft
设计稿

高220mm 宽80mm

简单异型

高87mm 宽150mm

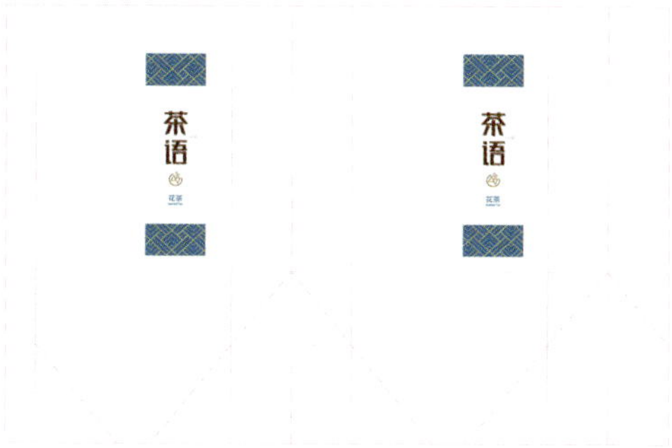

高240mm 宽130mm 侧宽80mm

茶饼
外框：高370mm 宽370mm 内圆：直径170mm

图4–35 茶语包装设计 视传115班 郭晨曦

图4-34　茶语包装设计　视传115班　郭晨曦

第四节 ///// 营销策划与广告策划的关系

其实广告策划只是营销策划中的一部分而已。广告只是营销之促销的一个手段而已。

一、营销策划与广告策划的含义

（一）什么是企业广告策划

广告策划是考虑如何用较低的广告费用取得较好促销效果的一项工作。该工作包括分析广告机会、确定广告目标、形成广告内容、选择广告媒体以及确定广告预算等内容。

（二）什么是企业营销策划

企业营销策划的目的与主要任务：一是营销策划的目的最大限度地实现企业的社会价值和其产品（服务）的市场价值。二是营销策划的主要任务及其关系。

企业营销的内容（标的物）主要有两个：企业整体形象、企业生产的产品或服务。树立企业整体形象的目的是提高企业的社会地位、提升企业的社会价值、扩大企业在市场上的影响力。树立企业整体形象的最终目的也是为了更好地、更长远地营销企业生产的产品或服务。树立企业整体形象和营销企业产品（服务）分别有一系列的手段和工具，同时，也有它们通用的手段和工具。

1.企业产品营销策划任务

首先，确定企业产品（服务）营销的主目标；其次，确定企业产品（服务）的市场定位（定位——拟在市场中传播的新取向）；再次，确定企业产品（服务）营销的全方位定位；最后，确定实现营销全方位定位的最佳模式。

（1）企业产品（服务）营销的主目标一般有三种选择：

①提高市场占有率——把增加市场占有率（市场份额）为主目标进行策划；

②追求利润最大化——把近期实现利益放在首位，一切以安全回收资金和价格理想为出发点；

③打败竞争对手——不遗余力地打败竞争对象。

（2）确定企业产品（服务）的市场定位一般要回答如下四个问题：

①地理——潜在客户在什么地方；

②人口——潜在客户有多少；

③心理——潜在客户的内在心理特点；

④行为——潜在客户的外在行为表现形式。

经过对上述四个问题的明确，系统掌握产品的终端市场（消费者为主体）环境。

（3）企业产品（服务）营销的全方位定位主要包括如下四个方面，即传统的四P定位理论：

①产品定位

企业从自身技术、人才、供应、生产、投入等条件出发，依据产品的市场定位，在产品的功效、品质、竞争性等方面，给产品在潜在客户的心目中确定最符合企业利益期望的位置，进而明确产品的内涵和外延。产品定位可以理解成市场需求充分、企业能力允许、竞争对手虚弱三条线的交叉点。

② 价格定位

企业依据客户承受能力、产品成本、竞争性产品的价格定位情况，为上市的产品确定当前价格、价格实现方式和价格变化的方向。

③ 渠道定位

营销渠道定位是指拟定产品分销或分配的途径，即确定产品（服务）从生产者向消费者转移所经过的有形和无形的环节。

④促销定位

为了开拓市场空间和层次、扩大产品销路，需要事先确定的，旨在向目标客户或渠道传递产品或企业或市场信息、激发客户购买或渠道进货的热情、促成客户购买或渠道进货行为的系统性方案。

（4）确定实现营销全方位定位的最佳模式是指把各种可应用的促销理念与企业实际结合起来，多快好省地实现已经拟定的营销定位方案，典型的营销理念介绍如下：

①整合营销传播（IMC）——以建立长期的、互动式的、即时性的企业—客户沟通机制为核心的营销模式，互联网技术的发展推动着这种营销模式的应用。典型的口号有“客户决定一切”……

②服务营销——通过把无形的服务附加到产品中去，为客户提供超额价值，从而产生更好的销售效果的营销模式。典型的口号有“服务无止境”……

③关系营销——通过建立与保持企业与客户、政府、其他企业等社会各界的良好关系来促进销售。典型的口号有“关系就是生产力”……

④品牌营销——建立与利用企业品牌或产品品牌的影响力来进行产品（服务）营销。典型的口号有“品牌是企业的生命”……

2.企业整体形象策划任务

兼顾企业的现实市场利益和长远的战略利益，提高企业的知名度至应有的程度，提高企业的美誉度至应有的程度，提高客户的忠诚度至应有的程度。

（1）建立和导入形象识别系统（CIS）

（2）树立企业品牌形象

（3）建立良好的公共关系环境

广告是树立企业整体形象和企业产品（服务）营销必不可少的手段。

3.企业营销策划的主要步骤

企业营销策划的决策环上决策点比较多，主要包括战略要求、生态要求、融资要求、管理要求、市场定位、产品定位、价格定位、渠道定位、促销定位、品牌定位、CIS、广告实现、公关实现。

（1）营销策划之整理：4P内外调查（市场与企业）；高低对手调查；决策与管理调查。调查技术——点、目标、环。

（2）营销策划之判断：点判断，主观的4P与客观的4P是否一致，客观的点是否具有劣势；目标判断，主观的目标与客观的目标是否一致，客观的目标是否具有劣势；环判断，主观的决策环与客观的决策环是否一致，客观的决策环是否具有劣势。SWOT（优势 Strength、弱点 Weakness、机会 Opportunities、威胁 Threats）分析法。

（3）营销策划之创新：目标创新、决策点创新、决策环精密。

二、广告策划与市场营销的关系

市场营销是指企业在市场上的经营活动的总称。它包括市场调查、新产品开发、制定价格、选择销售渠道、选择促销手段以及开展售后服务等一系列活动。广告与市场营销关系是紧密的，但它们之间的区别也是明显的。

营销计划与广告计划

在实施一个广告战略计划之前，必须先了解企业的营销计划。营销计划是指界定和描述企业的全部营销活动，并包括为各不同产品所作的定价、营销渠道及促销活动等决策与计划的文件。它是一个企业其他行动计划如产品计划、财务计划和人事计划等的起点。因为企业的计划工作总是围绕着利润展开的，而这只有通过营销分析和制订营销计划才能解决。

关于营销计划的内容，美国全国广告主协会曾为其会员制定过一个规范大纲，主要包括企业当年业绩、建议及损益影响、背景分析、机会与问题、营销策略、测定和调查研究等内容。

具体而言，一个营销计划主要内容应包括：

（一）经理摘要：指为使管理当局迅速了解而提供所建议计划的简略概要。

（二）当前营销状况：提供与市场、产品、竞争、分配和宏观环境有关的背景数据。

（三）机会和问题分析：概述主要的机会和威胁、优势和劣势，以及在计划中必须要处理的产品所面临的问题。

（四）目标：确定计划中想要达到的关于销售量、市场份额和利润等领域的目标。

（五）营销战略：描述为实现计划目标而采用的主要营销方法。

（六）行动方案：回答该做什么、谁来做、何时做以及所需的成本等问题。

（七）预计的损益情况：概述计划所预期的财务收益情况。控制说明将如何监控该项营销计划。

通常说来，一个营销计划最详细的部分，是达成目标所要实行的具体活动的描述。其中包括推销、服务、促销、定价、渠道等活动，这些都是与整个营销计划成功与否密切相关的部分。

对于广告策划者而言，营销计划中与其关系最密切的部分，应该是其中整个促销和推广计划，即“营销传播”计划。

促销推广计划包括了支持产品销售的战略和战术，以及与此相关的人员推销、广告、促销活动和公共关系等内容。对于以广告等为主要促销手段的消费品而言，促销推广计划在整个营销计划中尤为重要。该计划必须将促销各要素有机地整合到一起，根据企业的营销目标，达成传播销售信息的目的。

由于促销推广实施常由不同的部门或人员进行，如人员推销、广告、公关等各个部门和执行人员，虽然原则上应该协调一致，围绕营销目标向消费者传达共同的销售信息，但实际操作上则常常会出现错位现象，各干各的事，没能集中各要素的优势完成促销目标。因此，对各促销部门和人员进行统一规划和协调是至关重要的工作。

广告策划是促销推广计划研发出来的一项更为具体、操作性更强的计划。广告计划一要服从于促销推广计划所定的目标，也即服从于企业的整体营销目标。广告计划虽然可以单独形成，但通常均为营销计划特定的分支部分。二要有自身特定的内容。舒尔茨认为，一项广告计划至少应包括四方面内容：

（一）广告策划应包括这个品牌的背景、历史以及过去为此品牌所拟定的广告计划的执行情况。

（二）广告策划是一个解释及阐述怎样发展成为计划的逻辑及理由的良好机会，即如何解决问题点和利用机会点。

（三）广告策划是广告运作的行动文件，包括广告的日程表以及协同进行的活动。

（四）广告策划是提供企业管理当局说明为某一产品或品牌的广告预算的纲要。

根据这四项内容，广告计划具体应包括如下七个组成要素：市场分析、营销目标、广告创意策略、媒介策略、促销活动策略、广告预算、广告效果评估方案。

因此，广告策划者必须了解和结合一切必要的营销资料与信息，并将其用于广告计划，否则，广告运作必将达不到应有的效果。

三、广告与市场营销的相同点

（一）产生的条件相同——商品生产的高度发展。市场营销的产生是由于资本主义高度发展使企业外部环境发生了很大变化。一方面，买方市场形成，消费者对产品的需求变化很大，条件也越来越苛刻。另一方面，同行竞争也日益剧烈，企业不得不重视“市场”，重视“营销”，重视企业及企业产品对外的宣传等。广告的产生也是市场经济孕育的结果，19世纪末期到20世纪20年代，资本主义经济已有了很大的发展，作为商品促销的一种方式，广告方式相应地有了较大的变化，其特征主要是由向消费者进行告知，演变为对消费者进行说服。

（二）从研究内容上看，都属于经济范畴。市场营销是以满足人类的各种需要、欲望和需求为目的的，通过市场把潜在交换变为现实交换的活动，它涉及需要、欲望和需求、产品、效用、交换、交易和关系等核心概念。而这些概念对于广告活动的理论和实务也是至关重要的。广告是一种信息传播活动，但它的起点和落点都是在经济领域。传递什么样的信息内容以及如何进行传播，需要研究市场，了解营销环境；需要研究消费者，从满足消费者的需要和欲望出发；也需要研究产品，以适应不同的市场环境，制定相应的广告策略，争取较好的传播效果。研究广告学，离不开对市场营销理论的应用。

（三）市场营销把广告作为组成部分。企业在运用各种营销策略时，促销策略是必不可少的因素，而促销策略里最重要的一种方式就是广告，通过广告策划，对消费者进行教育和告知品牌的存在，提高品牌知名度和美誉度，刺激消费者热情，调动潜在消费意识，最终促成购买行动。实际上二者之间体现了一种整体与局部的关系。

（四）广告和市场营销都是企业经营管理的重要组成部分。由于市场竞争的加剧，企业要有更多发展机会，必须以消费者为中心，重视市场，重视销售。市场营销在现代化大生产中的地位越来越重要，而促进销售是市场营销组合中的重要环节。特别是整合营销传播理论的提出，要求各种促销策略的统合，进行综合信息交流，广告活动则是其中的重要手段和方式。对于企业生产来说，市场营销的中心任务是完成产品销售。广告是为了实现市场营销目标而开展的活动，通过信息传播，在目标市场内沟通企业与消费者之间的联系，改善企业形象，促进产品销售。广告策略要服从于市场营销策略，作为营销活动的先导，在市场营销的总体目标下发挥作用。

四、广告与市场营销的区别

（一）目的不同。市场营销直接的目的是为了销售产品，从而进一步扩大盈利，产生企业效益；广告的目的是传播产品、形象或观念等信息，激发消费者购买欲望，对产品产生好感。当然，由于广告是服务于市场营销的，是市场营销的组成部分，广告最终的目的还是销售产品。

（二）效果不同。通常来说，市场营销以单一特定时期为标准（经常是一年为期），无论在此期间有无达到销售目的或利润目的，对将来的销售则不予考虑，是即时效果；而广告常常是延时效果，即本年度广告费投放下去后，不一定马上发生作用，结果经常要延后一年，甚至让许多消费者牢牢记住。

（三）手段不同。市场营销所采用的手段是价格、促销、包装、商标、产品设计、分销等，这些手段都是紧紧围绕着产品销售的目的。而广告所采用的手段是通过研究消费心理需求，主要通过大众传播媒介将产品、形象或观念等信息传播给消费者，告知消费者信息并刺激消费者购买欲望，产生购买行动。

为了正确地认识和摆正广告与营销的关系，必须注意以下两个基本问题：

（一）必须明确广告是企业营销的一个组成部分。广告要和其他促销手段配合，与产品、价格和渠道等要素一起实现企业的营销目标，即应将广告置于整个市场营销背景下来探讨其规律。舒尔茨针对这点写道：“从事广告的人员似乎忽视，事实上他们不过是企图通过大众媒介推销产品与劳务的推销员而已。他们也似乎忘记，广告之目的只是替产品或劳务对大量潜在顾客或顾客在同一时间送达销售信息。而公司之使用广告而不用面对面推销的唯一原因，是以时间及成本而论，广告远超过人员推销的效率。”

广告的目的就是促销，因而广告的策略要和

整个营销目标相结合，围绕营销目标，配合其他营销手段，以达到更好的效果。脱离企业的营销目标，去运作广告，肯定会遭到失败。只有在营销的视角下认识广告，才能做到有的放矢。

（二）广告也有自己特有的规律和运作程序。广告的传播规律、广告的创意和策略、广告媒介的特点等，都有自己特殊的性质，不同于营销的其他要素。也就是说，广告在营销的背景下有着相对的独立性。

广告策略的形成，固然需要对产品和市场的研究，但要将“说什么”变为“怎么说”，从而更好地与消费者进行信息沟通，这就需要创意。因此，广告从市场营销中分离出来，形成一门独立的学科，也证明它需要专门的研究和专门的运作人员。广告还要结合运用多种学科的知识，使其更加有效，除了市场营销学外，还须从传播学、心理学、社会学等学科中吸收营养。那种因为广告是营销的一部分，因而轻视广告自身运作规律的观念，只会损害市场营销的效果。

第五节 ///// 媒体战略策划

媒体战略是基于外部环境和内部资源进行综合评判而做出的发展道路的选择。战略为媒体的行动提供了清晰的远景，同时这一远景应根据变化了的外部环境和内部条件进行修正。战略具有时间特性上的长远性和空间特性上的全局性。战略规划包括组织的远景和将来的方向，近期远期的行为指标和战略。一个公司的内部和外部环境变化得越快，组织的短期和长期战略计划就要修改和更新得越频繁。当今世界，战略生命周期越来越短，而非越长。

媒体战略与媒体分析

作为整体广告战略的一个组成部分，媒体战略所关注的问题是，为实现信息传达目标，对基本媒体形式的评价和运用，并据以创作有针对性的信息模式和限定有效的媒体投入，究其根本就是要真正发挥媒体投入效益。

（一）对媒体特性的确认

虽然在广告运动中，很少有什么“伟大的构想”出自于媒体策略，但媒体对广告效果的实现却至关重要。这是因为对媒体的确认至少从三个方面对广告策略的实现具有关键性的影响。

其一，媒体的确认对广告创作具有某种限定性。通常在一个广告计划中，各种形式的广告创意总是针对不同类型的媒体进行的，如果没有充分认识媒体特性，广告创作就很可能茫然无绪。

其二，对媒体的确认，还意味着广告传播将寻找到一种最佳的信息载体，而这一点恰恰是进一步媒体计划的核心工作。

其三，媒体战略的一个中心就是预算媒体投入，并合理地对媒体费用加以分配。这不仅仅是一个简单的财务问题，还关乎广告的盈利可能。

事实上，对媒体进行一种战略性的考虑，并不是在广告运作的各项工作都已妥当之后才着手，也并不单纯是由媒体工作人员完成的。一般而言，当广告人员开始着手进行产品与市场研究时，对媒体的安排就已经开始。

（二）确定媒体目标

广告策略所确立的目标必须通过媒体来实现，所以媒体目标就是将广告信息策略转化为媒体所能够完成的目标，它在根本上要回答一系列的问题：谁是目标受众？为什么？在什么地方？什么时间传达广告信息？广告信息的传载量多少？我们将其归于两个部分：受众目标与信息目标。

1.受众目标

受众目标就是广告策略所规定的信息送达的特定群体。在大多数情况下，受众目标与广告设定的目标市场相一致。在市场细分中我们已经对目标消费者有了全面的了解，进一步要研究的是，受众中哪些是现在的使用者，哪些是潜在的使用者，哪些是轻度使用者，哪些是重度使用者，他们的使用程度怎样，毫无疑问，媒体目标通常对准的是那些频繁使用产品的重度使用者。

2.信息目标

信息目标亦即传播目标，它所要确定的是广告应该在哪里出现，什么时候出现以及广告持续的时间和频度。也就是说，信息目标的内容，是有多少目标受众可以接受到广告，他们接受广告的时间、地点以及接受量是多少。

（三）媒介策划的有关研究

很显然，对媒体战略的研究，归根结底最后是要弄清到底怎样的媒体方式和媒体投量才是合理的。有很多分析可以对此提供参考，比如进行市场试验，或者实施边际效应分析等，但在大多数情况下这些方法都很困难而且复杂，并且最终无法确知广告的投放效果，因此我们只能就有关研究提供一些媒体策划的参考。

1.有关媒体投放与广告收益的研究

并不是所有的公司在广告投放上都有一致的看法的。比如，在20世纪90年代前期，宝洁公司每年把销售额的11.8%投入到广告中，而高露洁公司则将其13.5%用于广告。但是我们却很难确切地说明究竟哪家公司的媒体支出最有效果。

有研究表明，广告收益的平均弹性并不高，也就是说当广告每增加一个百分点时，销售额预计增加的百分数很低，甚至是微乎其微的，这个数字仅为0.22%左右，远远低于广告投入的百分比。虽然它没有计算广告消费者以及对不同行业的长期影响，但它至少可以作为一种对广告价值的判断，用心来衡量广告投放中的一些基本问题。

2.广告最佳重复频次研究

其一，什么是广告合适的展示次数？美国广告研究基金会主席朱盖尔·纳波勒斯研究发现：在一个购买周期中，对目标顾客进行一次展示是不够的，而超过三次之后又导致了广告边际效益递减。第一次展示时所引发的反应是：“这是什么？”受众试图理解广告。第二次展示则产生了几种效果：（1）是出现较多的效果，即对第一次的持续反应。（2）对“这是什么”的评价性反应。受众对广告信息作出自己的分析和评估。（3）是与前二者相关的反应。第三次展示，主要对那些未曾对广告信息做出任何反应的受众加以提醒。从这个意义上讲，任何多余的展示都是对第三次展示的重复，所以通用电器公司杰出的广告专家赫伯特·克鲁格曼认为广告只需要三次展示。他提议：在一个广告计划周期中，至少需要两次展示，而任何超过四次以上的展示都是浪费，因为大多数受众都会产生第二次展示的经历。

其二，有效展示与衰减。所谓有效展示（effective exposure）是指广告必需的最小展示次数。其核心是，广告展示必须要有一个下限，低于这个下限，广告信息就无法与消费者达成牢固的联系，就是一种浪费。衰减的概念与此相反，它所对应的是广告的最多展示次数。与之相对应的概念是“生效”，指一个信息很快对观念受众产生震动。当所增加的广告不再对受众产生正面影响时，衰减现象便随之发生。有研究显示，反复展示最终将导致品牌名称回忆度骤然下降。对衰减现象的另一种解释是，过多的展示会引起受众的反感。

其三，什么情况下需要高频次展示？

对广告有效频次的研究认为，在大概以一星期作为一个周期时间中，广告通常需要有3～4次的平均展示。但在很多情况下，广告都可能需要更高的频次，因为：

①广告所涉及的是个新的品牌或新的信息。

②当广告的品牌较小，缺乏知名度时。

③顾客忠诚度较低的品牌。

④购买和使用周期比较长的产品。

⑤受众参与度较低，对信息的接受缺乏自愿或难以理解。

⑥竞争激烈，尤其是竞争对手的广告信息较多时。

（四）媒体选择决策

进行媒体选择，在管理决策上需进行两个层面的工作，一个是对于媒体形态的选择，进一步的则是对确定媒体形态上具体时间或空间的选择。现在由于媒体资源的丰富，受众市场也在不断地分化，媒体也日渐呈现出一种分众化趋势。作为广告策划和管理，其对媒体的考虑，首要是广告的受众人数而非媒体的受众人数，因此在选择特定媒体的同时，还需选择对特定媒体的广告形式。

1.媒体形态评价

评价一个具体媒体，需要考虑几方面因素：总的广告目标和策略、媒体受众的规模与特征、媒体展露价值以及媒体成本等。也就是说媒体策划人员必须分析产品或服务特性，并根据营销和广告目标来衡量媒体是否适用。有时产品本身就可能包含了一个适宜的选择，比如具有鲜明个性和色彩明丽的化妆品，其目标对象是年轻女性，那么选择电视栏目和时尚杂志就很合适。但如果一个产品将其营销与广告目标定作是扩大分销，那就应该寻找对分销商能够影响的媒体。在这中间，必然要考虑到媒体的受众特性与受众规模，广告要进行的就是目标受众集中的媒体。媒体成本是对广告投入产出效率的计算，最重要的计算方法就是千人成本计算。

2.媒体广告形式选择

一旦媒体形式确定之后，进一步是要对在媒体上刊播的广告形式进行选择，比如：采用电视广告，是15秒还是30秒，放在哪一个时段？采用报纸广告是整版还是半版，抑或是一个通栏，是黑白还是彩色，等等。广告成本的高低在这里非常明确。为了进一步说明，我们将对有关研究加以介绍：

①广告的规模

广告规模是指广告的时间长度或空间大小，广告规模越大，广告成本就越高。问题在于是不是广告规模越大其效果就越好呢？有关媒体研究已表明，在印刷媒体中，版面增加一倍并不能产生双倍的广告效果。因为在版面空间增大之后，阅读率只是呈现了小比例的增加，其增幅小于版面增加的比例。在电视广告中，一般而言，长时间的广告规格（如30秒广告）往往比短时间广告（如15秒广告）更可以尽情发挥。但由于制作成本和播出成本，广告商和广告主都不赞成制作较长时间广告。从现时电视广告来看，只要广告创意好，其诉求具有说服力和冲击力，一个15秒甚至更短一点的广告比长广告更有效果。

②广告的位置

广告位置是指一则广告在特定媒体发布时所处的规定地位。在印刷广告中，是指其处于哪一版页，或是某一版面上的某一具体地位。在电波媒体中，是指其按照节目的编排和时间顺序，放置在哪个时段。广告位置也直接对广告效果和广告成本产生影响。比如，斯塔奇研究认为，杂志封底广告比杂志内页广告吸引读者多达65%。另外，广告内容与节目或版面文章内容的联系对广告效果有很大影响。比如，在电视动画片时间播放儿童玩具广告，不仅收视率高，而且儿童接受程度也比较高。但是无论怎样，广告位置和广告媒体的选择其最大的可能只是改变受众的视听率，但却无法改变受众对广告的兴趣，所以广告要真正引起注意，除了媒体选择外，最重要的是做出有创意有诉求力的广告。

3.媒体组合原则

我们把同一广告运动中，采用两个或两个以上媒体进行广告信息传播称之为媒体组合。在媒体组合中，除了要遵循有关媒体选择的原则外，还必须要注意媒体组合的一些基本原则要求：

①被组合的媒体必须具有互补性，也就是说，媒体组合必须能够扩大广告的受众总量，否则就失去了组合的意义。

②组合媒体要能对单一媒体受众增加频率，通过适当地重复加强广告记忆，刺激广告联想。比如：一个产品在电视媒体上通过感性展示增加了直观印象和品牌认知，通过报纸媒体则可能进一步认识到其产品功能和工作机制，有利于对产品的深刻理解。

③媒体组合在播出和刊发的周期上必须有机协调，密切配合。比如：电视媒体暴露时间短，报纸广告展示时间长，在广告刊播中，可以利用电视进行密集发布，利用报纸进行持续发布。

④媒体组合要达到效益最大化。就是可能地节约广告投入，获取最佳的传播效果，突出主要媒体的有效到达程度，并掌握广告刊播时间和规格、频次。

4.媒体排期与媒体购买

媒体计划是在广告运作中，根据广告目标要求和广告策略指导，所制定出来的媒体发布目标和发布策略，它是广告预算在媒体投放中的确定计划和合理分配。作为一种确定的广告信息发布和媒体购买规定，它的最后表现方式就是媒体排期和媒体购买，并准确地提出了广告信息发布的媒体、时段、版式、频次、价格等各项具体有形因素。媒体计划虽然整个过程都是一系列数字的组合，但是丰富的经验、科学合理的安排，不仅能够使广告更加为受众所注意，而且常常可以大大节省广告费用。

5.媒体排期方式

在一个给定的时间周期中如何合理地安排广告，这是媒体决策的一项重要任务。广告计划中常常是按照相应的广告排期方式对此加以安排，我们介绍四种不同的广告排期方法：

（1）持续排期法。使用持续广告法的假设前提是，产品市场在不断扩大，消费者购买商品比较频繁，或者该产品属于某种短缺性的、有限的产品。这种方法的不足是，它由于在排期上的一成不变，使媒体投入状况不能很好地与销售情况相结合。

（2）交叉排期法。在一个较长的广告周期之内，根据广告规模或媒介传播情况，对不同规格的广告相互交叉播出。这样可以对不同规格的广告形成互补性冲击，同时也相应地降低了广告播出成本。它的明显不足是，有时广告显得缺乏统一性。

（3）集中排期法。在一个较长的广告运作周期中，对特定媒介的广告发布，只集中在一个相对较短的时期中，以期收到某种激烈反应。集中排期在使用时机上，往往选取某一特别的销售时段，如销售旺季、节假日等，通过集中性广告轰炸，能够形成突破性的市场影响。其不足之处是在集中广告之后，消费者很难得到广告的引导。

（4）间歇排期法。又称作脉动式。就是在一个相当长的广告周期中，广告的连续性不是通过不间断来体现的，而是在连续性发布之中，有规律地采取某种间歇。这种方法是对连续式广告的一种折中运用。这既避免了持续高强度广告发布所造成的浪费，又可以保持广告的连续性，有利于广告信息效应的发挥。当然也有不足之处，就是间歇可能会造成受众信息接受的中断，不利于强化广告诉求效果。

以上四种划分方法只是对媒介排期的一种基本划分。事实上在广告运作中，广告发布排期没有什么一成不变的程式，也不存在哪一种方式是最佳的选择。最有效的排期类型决定于广告的传播媒体规格及其规划。

媒介排期是对一个较长周期中广告运作的一种发布规定，其实在媒介的时程规划中，广告规格即广告在媒体上的单位规划，如版面、大小以及时间长度等，也决定广告的规模并对广告预算产生很大影响。

6.媒体购买

决定了媒体形式之后，就进入到媒体购买阶段。媒体购买是对媒体广告单位使用时间和付费成本的一种预约和交换。媒体不同广告单位特征也不同，价格也各有所异。

（1）不同媒体的广告单位

在电波媒体中，广告单位是以时间计算的。在报纸杂志广告中，广告单位是以空间计算的，其他媒体广告单位的计算大致如此。媒体时间空间长短大小的不同，决定了广告收费价格的差异。除此之外，由于不同媒体在节目安排、报社时间、版面内容、广告位置等多方面的差异，也对广告价格提出了不同的要求，比如，中国中央电视台，通常其广告时间从晚上19：00—22：00是A段时间，17：30—19：00是B段时间，22：00之后的晚间节目为C段时间。另外为了对19：30左右“新闻联播”之后的黄金广告时间着重处理，又将其划为A特时间段。又如杂志广告，封面、封底一般价格较高，而其内页则价格较低。

（2）广告单位购买方法

规范的广告媒体购买，一般是广告主委托广告代理公司代为向媒体订购广告单位，并负责广告刊播。在中国，广告媒体购买除了委托广告代理公司外，常常也由广告主自己进行。但不论怎样，媒体购买要注意三方面问题：

①要充分发挥媒体广告效益。一般而言价格较高的广告单位，往往具有相对较高的收视率或受众注意程度较高。但如果涉及具体产品时，则要根据媒体节日安排和受众特性加以分析。比如，1993年，娃哈哈果奶欲在上海东方电视台播放广告，公司放弃了在黄金时段播出广告的打算，而改为在被认为是非黄金时间的17：45播出广告。因为这个时段电视台正在播出动画片，且正是孩子们放学回家之后待在电视机前时间，与产品及目标对象相当吻合。这个时段的广告价格当时仅是黄金时段的50%，不仅很好地发挥了广告效益，而且节省了大笔广告费用。

②要注意集中购买。批发不仅有价格上的优惠，还能获取付款的灵活。所以在购买广告时段时，在尽可能情况下，要争取集中购买。现在虽然大多数媒体都制定了固定的价格系列，但收费标准并不固定，在其与广告代理公司或广告主谈判时，不仅要考虑当时的广告供需情况，还要考虑相当一个时期的广告供需情况，所以当广告预购数量较大时，媒体的优惠是必然的。现在有许多媒体代理公司，其主要的工作就是进行媒体广告的集中购买和代理。

③媒体广告的特点约定。诸如对某一媒体栏目前后广告实行特别购买，或者是随着一类节目进行播出，等等。现在随着媒体协作中对电视节目资源的共同运用，以及节目制作中经营机制的引入，一种固定的电视贴片广告已经非常普及。作为一种特别约定，贴片广告是与电视节目共为一体的。在这种情况下，只要把广告费用投向供片部门，就可以获得相当广泛的播出，这种广告往往相对成本较低，对那些产品营销空间比较大，有统一广告规划的公司比较有利。与此类似的，还有一些比赛赞助、晚会协办之类的广告活动，都具有其特别的意义。

附录

广告策划大纲（Aduertising Plan Outline）

日期：

企业（品牌/项目）名称：

Ⅰ.概述

A.前提—营销计划所提供的信息概述

B.广告目标概述

C.广告战略概述

D.预算概述

Ⅱ.形势分析

A.企业（或产品）目前的营销形势

1.商业或行业信息

2.公司、产品或服务描述

a.产品生命周期阶段

b.商品分类

c.竞争或市场定位

3.市场的总体描述

4.销售记录与市场份额

5.消费者购买过程描述

6.分销方法

7.采用的定价战略

8.营销调查结果

9.传播记录

B.目标市场描述

1.确认的市场细分

2.主要市场

3.次要市场

4.市场特征

a.地理

b.人口统计

c.消费心态

d.行为

C.营销目标

1.满足需求的目标

2.长期/短期销售目标

D.各目标市场的营销组合—营销计划概述

1.产品

2.价格

3.分销

4.传播

E.广告在传播组合中的预定角色

F.上面未提及的各种信息

Ⅲ.广告目标

A.主要或次要需求

B.直接行为或间接行为

C.按以下条件表述的目标：

1.广告金字塔

2.购买行为

3.其他

D.对目标的量化表述

1.具体的数量或百分比

2.实现目标所需的时间长度

3.其他衡量方法

a.查询

b.订货规模增长

c.士气的树立

d.其他

Ⅳ.广告（创意）战略

A.产品概念—广告如何从以下方面表现产品：

1.产品或市场定位

2.产品差别化

3.生命周期

4.分类、包装、品牌
B.目标受众—广告将要针对的具体人群
1.目标受众详细描述
a.目标受众与目标市场的关系
b.潜在顾客的购买影响
c.追求的利益/广告诉求
d.人口统计
e.消费心态
f.行为
2.目标受众排序
a.主要的
b.次要的
c.补充的
C.传播媒介
1.界定媒介目标
a.到达率
b.频次
c.毛评点
d.一致性/起伏式/脉冲式
2.明确哪种媒介到达目标受众的效果最好
a.传统大众媒介
(1) 广播
(2) 电视
(3) 报纸
(4) 杂志
(5) 户外
b.其他媒介
(1) 直邮
(2) 互动/数字媒介
(3) 宣传
c.补充媒介
(1) 商业展览
(2) 销售推广手段
(3) 其他媒介
(4) 非常规媒介
3.与购买模式有关的媒介可行性
4.传播效益的潜力
5.成本因素
a.规模/信息单位拼版因素
b.相对目标受众而言的媒介诗刊成本效率
c.制作成本
6.与创意组合其他元素的关联性
7.媒介计划范围
8.预定媒介载体的暴露值/注意值/动机值
D.广告信息
1.文案元素
a.广告诉求
b.文案大纲
c.重点消费者利益
d.利益支持点或巩固点
e.产品个性或形象
2.艺术元素
a.视觉诉求
(1) 广告中的
(2) 包装上的
(3) 在售点和销售材料上的
b.艺术大纲
(1) 布局
(2) 设计
(3) 插图风格
3.制作元素
a.广告制作过程中的拼版因素
(1) 色彩
(2) 大小
(3) 风格
b.追求的制作价值
(1) 版式
(2) 印刷
(3) 彩色复制
(4) 照片/插图
(5) 纸张
(6) 电子特技
(7) 动画
(8) 胶片或录像带

(9) 音效

(10) 音乐

V.广告预算

A.营销形势对资金分配方法的影响

1.新产品、老产品

2.对该类产品的主要需求曲线

3.竞争形势

4.营销目标与战略

5.利润因素或成长因素

6.广告与销售和利润的关系

7.实践经验

B.资金分配方法

1.销售百分比法或利润法

2.市场份额法

3.目标/任务法

4.销售单位法

5.竞争对抗法

VI.测定与评估

A.实施的广告调查

1.战略确定

2.概念发展

B.事前测定与事后测定

1.测定项目

a.市场

b.动机

c.信息

d.媒介

e.预算

f.排期

2.方法

a.中心地点测试法

b.销售试验法

c.生理测试法

d.辅助回忆测试法

e.纯粹回忆测试法

f.态度测试法

g.查询测试法

h.销售测试法

i.其他

3.测试成本

营销计划大纲marketing plan outline

日期:

公司名称:

品牌或项目:

I.概述

A.形势分析概述

B.营销目标概述

C.营销战略概述

D.预算概述

II.形势分析

A.行业状况

1.行业和公司业务定义

2.行业发展史

a.技术进步

b.发展趋势

3.业内发展模式

a.需求曲线

b.人均消费量

c.成长潜力

4.行业特点

a.分销模式和传统渠道

b.业内规章与管理制度

c.典型促销活动

d.地理特征

e.利润模式

B.公司

1.历史简要介绍(有关公司及其实力,机会和问题的全部相关信息,此类信息可以从年度报

告、销售记录、保险记录、顾客反馈以及销售人员报告中获得）

2.业务范围

3.目前规模、成长情况、利润状况

4.声誉

5.在不同领域的竞争力

a.发展与经历

b.产品在生命周期所处的阶段

（1）导入期

（2）成长期

（3）成熟期

（4）衰退期

c.品质因素

d.设计因素

e.商品划分

（1）消费者商品或工业商品

（2）耐用商品/非耐用商品/服务

（3）方便商品、大件商品或特制品

（4）包装商品、硬商品、软商品、服务

f.包装

g.价格结构

h.用途

（1）基本的

（2）二级的

（3）潜在的

i.形象与声誉

j.产品/服务强势

k.产品/服务弱势

2.产品销售特点

a.差别因素

（1）观念上的、非观念上的或感觉上的

（2）专卖、非专卖

b.在顾客心目中的地位

c.优势、劣势（顾客感觉）

3.产品研发

a.技术突破

b.预期改进

c.技术或服务问题

4.销售记录

a.销售及销售成本

（1）按产品/服务计算

（2）按款式/型号计算

（3）按地区计算

（4）按市场计算

b.同一因素的利润记录

5.市场份额

a.按市场计算的行业销售

b.以货币和件数计算的市场份额

c.市场潜力和趋势

C.市场（包含组成公司产品或服务的现有与潜在市场的人或机构的所有相关信息。见市场调查报告、消费者刊物/商业刊物、贸易出版物、生产厂家普查报告和贸易协会报告）

1.市场界定与市场位置

a.确认的市场细分

（1）过去的

（2）潜在的

b.市场需求、欲望

c.市场特征

（1）地理

（2）人口统计

（3）消费心态

（4）行为

d.典型购买模式

（1）购买模式

（2）重度用户/轻度用户

（3）购买频率

e.对市场的购买影响力

2.本公司顾客界定

a.现在、过去和未来

b.特征

（1）与其余市场共有的特征

（2）本公司顾客特有的特征

c.他们喜欢本公司或本公司产品的哪些因素

d.不喜欢哪些因素

3.消费者诉求

a.以往广告的诉求

（1）哪些有效

（2）哪些无效、什么原因

b.将来可能的诉求

4.市场与顾客调查研究结果

D.竞争状况（包含本公司目前和将要面临的竞争状态、竞争环境以及机遇和挑战的全面信息）

1.界定竞争对手

a.主要竞争对手

b.次要竞争对手

c.产品/服务描述

d.竞争对手的成长与规模

e.竞争对手拥有的市场份额

2.竞争对手的实力

a.产品质量

b.销售特点

c.价格、分销、促销

3.竞争对手的营销活动

a.产品定位

b.定价战略

c.分销

d.销售力量

e.广告宣传

f.估计预算

E.分销战略（对公司产品服务如何进行分销和销售，哪些渠道可以利用以及渠道成员的特征进行全面讨论，请参考经销商和分销商的反馈、销售人员报告、广告报告和贸易刊物等）

1.采用的流通网络类型

a.发展史

b.趋势

2.分销完成情况评估

3.与分销渠道成员共同评估与描述

4.与分销渠道成员的促销关系

a.贸易广告和津贴

b.联合广告

c.经销商或中间商使用促销的情况

d.售点陈列、宣传材料

e.经销商激励活动

5.分销体系的优势、劣势

6.与分销相关的机遇/威胁

F.定价政策（本公司定价政策和战略以及其他选择所依据的背景和推理。请研究销售报告、分销渠道成员反馈、顾客反馈、竞争信息）

1.价格记录

a.趋势

b.可行性

c.竞争

2.以往的价格目标和战略

a.管理层态度

b.购买者态度

c.分销渠道态度

3.与定价相关的机遇/威胁

G.传播战略（写入涉及本公司人员销售努力和效益的全部信息，对本公司运用广告，公共关系和销售推广活动的情况进行探讨，请认真研究销售报告、广告报告、《广告时代》上的文章、《营销传播》杂志、公司内部的广告以及销售和培训方面的资料）

1.过去的促销方针

a.人员销售与非人员销售

（1）销售力量使用情况

（2）广告、公共关系、销售推广使用情况

b.过去方针的成败之处

2.销售力量

a.规模

b.范畴

c.能力/培训

d.单位销售成本

3.广告活动

a.成与败

b.战略、主题、战役、运用的媒介

c.诉求、定位等

d.支出

（1）以往预算

（2）资金分配方法

（3）竞争对手的预算

（4）趋势

4.与传播相关的机遇与威胁

H.环境因素（提出本公司无法直接控制，但对公司业务却有影响的环境因素。参考政府报告与公告、消费者出版物或商业出版物、同业协会刊物等）

1.环境

a.目前经济状况

b.商业展望与经济预测

2.政治形势

3.社会问题

4.技术影响

I.企业目标和战略（摘引管理层人员的相关态度和指示，因为他们关系到公司的营销努力与广告努力。有关信息可以从企业业务营销计划、管理报告、内部参考和指导方针方面获得）

1.利润

a.销售收入

b.降低成本

2.投资回报

3.股票价格

4.股东资产

5.社会形象

6.新产品开发

7.技术领先情况

8.兼并/收买

9.企业整体任务

J.潜在营销问题（指出或总结影响公司营销的最严重问题）

K.潜在营销机会

III.营销目标（对那些有助于公司的、潜力最大的机会进行概述。本公司打算满足哪些普通的和具体的需求。通过形势因素调查研究和管理层讨论以及面访来做出决定）

A.市场需求目标

1.满足市场需求的目标

2.满足社会需求的目标

3.满足企业需求的目标

B.销售目标（按目标市场、地理区域、部门或其他项目界定整个公司或产品种类的销售目标。这些目标必须是研究了公司的能力、资金状况和目标的前提下提出的，必须具体、实际）

1.销售量

a.货币

b.单位

c.地区

d.市场

2.市场份额

3.分销扩展

4.其他

IV.营销战略（本公司计划达到上述目标而采用的方法）

A.总体营销战略

1.定位战略

2.产品差别化战略

3.价格/质量差别化战略

4.任务营销战略（对公司计划采用的营销战略种类进行大致描述）

B.具体市场战略

1.目标市场A（地级市、分区）

a.产品（详细描述本公司为实现目标而计划采用的营销组合）

b.价格

c.分销

d.传播

(1) 人员销售
(2) 广告
(3) 直接营销
(4) 销售推广
(5) 公共关系
2.目标市场B
a.产品
b.价格
c.分销
d.传播
(1) 人员销售
(2) 广告
(3) 直接营销
(4) 销售推广
(5) 公共关系

Ⅴ.行动方案（战术）（实施公司营销组合各要素的详细战术计划）

A.产品计划
B.定价计划
C.分销计划
D.传播计划
1.销售计划
2.广告计划
3.直接营销计划
4.销售推广计划
5.公共关系计划
E.任务营销计划
F.互动计划

Ⅵ.评估、回顾与控制（描述本公司在实现营销目标的过程中将要采用的评估、审查和控制方法）

A.组织结构
B.回顾与评估方法
C.互动监控

Ⅶ.营销预算（确定实施营销努力所需的资金、预算比例以及各种项目分配额度）

A.资金分配方法
B.营销成本分解
1.新产品研究
2.营销调查
3.销售支出
4.广告、直接营销、销售推广、公共关系（具体信息，二级数据或专项调查报告）

Ⅷ.附件

A.销售报告
B.市场调研报告
C.杂志复印件
D.其他支持性文件

参考文献 >>

[1] 崔生国.广告设计基础[M].上海人民美术出版社,2008.3

[2] 莫军华.广告传播设计[M].中国建筑工业出版社,2014.3

[3] 陈天荣,余宁.广告设计[M].中国青年出版社,2009.5

[4] 陆剑清.市场营销学[M].北京大学出版社,2010.7

[5] 孟韬,毕克贵.营销策划[M].北京机械工业出版社,2010.6

[6] 陈爱国.广告原理与实务[M].北京冶金工业出版社,2008.6

[7] 余明阳,陈先红.广告策划创意学[M].复旦大学出版社,2009.7

[8] 企业网络营销必看 5大网络营销方式对比[N].新民网[引用日期2013-03-8]

[9] 奖励营销是what?为什么凯迪拉克都在做[N].财经网.2015-10-29 [引用日期2015-11-18]

参考网址 >>

www.baidu.com